Die Entwicklung der wachstumstheoretischen Vorstellungen
bei R.F. Harrod

Freie wissenschaftliche Arbeit,
vorgelegt für die Diplomprüfung
für Volkswirte von

Harald Kunowski
aus Sehnde/Hannover

Angefertigt im Staatswissenschaftlichen Seminar
an der Universität zu Köln,
Seminardirektor Prof. Dr. Dr. Th. Wessels

Winter-Semester 1968/69

Vorbemerkung

Die vorliegende Abhandlung ist vor fünfzig Jahren verfasst und Ende 1968 als Diplom-Arbeit an der Wirtschaftswissenschaftlichen Fakultät der Universität Köln eingereicht worden. Betreut wurde sie von dem damaligen Privatdozenten und späteren Prof. Dr. Rolf Rettig, dem ich an dieser Stelle noch einmal meinen herzlichen Dank aussprechen möchte. Mit ihm, heute im Alter von 83 Jahren in Köln lebend, konnte ich vor kurzem die Frage nach einer späten Veröffentlichung erörtern. Er hat mir hierzu uneingeschränkt geraten. Recherchen hatten ergeben, dass bisher keine vergleichbare Arbeit zu dem abgehandelten Thema, soweit in der bis heute verfügbaren Sekundärliteratur erkennbar, veröffentlicht wurde. Wer sich mit der Wachstumstheorie von R.F. Harrod befasst, erhält mit dieser Schrift einen umfassenden Überblick über die Entwicklung dieses Wachstumsmodells und der wissenschaftlichen Diskussion bis zum Ende der sechziger Jahre.

Der Autor dieser Arbeit hat sich aus den vorgenannten Überlegungen nach fünfzig Jahren zur Veröffentlichung entschieden. Die ursprüngliche Schreibmaschinenversion wurde durch ein modernes Schreibprogramm in eine zeitgemäße Druckfassung überführt. Inhaltlich wurde sie nicht verändert.

Köln, den 21.03.2018

Dr. Harald Kunowski

Inhaltsverzeichnis: Seite

1. Einführung 6

1.1 Problemstellung und Zielsetzung der Arbeit 6

1.2 Gliederungskriterien und Abgrenzung des Untersuchungs-
gegenstandes 9

**2. Die Dynamisierung des Keynes'schen Systems durch Roy F.
Harrod**..12

2.1 Die Entstehung der modernen Wachstumstheorie vor dem
wirtschaftshistorischen Hintergrund...12

2.11 Die Behandlung des Entwicklungsproblems in der Keynes'-
schen Beschäftigungslehre 12

2.12 Ansatzpunkte und Grundlegung der modernen Wachstums-
theorie 15

2.2 Die Stellung der Dynamischen Theorie Harrods gegenüber der
Keynes'schen Lehre und ihre theoretischen Wurzeln..................... 22

2.21 Short-run versus long-run Analyse...22

2.22 Die 'Dynamik' des wirtschaftlichen Entwicklungsprozesses........26

2.23 Die Bedeutung des Ricardianischen Entwicklungskonzepts für
die dynamische Theorie Harrods..30

3. Determinanten des wirtschaftlichen Wachstums.........................**34**

3.1 Bestimmungsfaktoren und Entwicklung des gesamtwirtschaft-
lichen Angebots...34

3.11 Bevölkerungswachstum und technischer Fortschritt 34

3.12 Die Theorie des Sparangebots (Supply of Saving) 39

3.121 Die Sparfunktion 40

3.122 Das personelle Sparen..43

3.123 Die Bedeutung des Unternehmungssparens 47

3

3.13 Das Sparangebot als endogene Bestimmungsgröße des wirtschaftlichen Fortschritts............................51

3.2 Die Determinanten und Entwicklungsfaktoren der gesamtwirtschaftlichen Nachfrage............................54

3.21 Die Bedeutung der Investition für den wirtschaftlichen Wachstumsprozeß............................54

3.22 Der Akzeleratorkoeffizient als dynamische Beziehung 56

3.221 Harrods 'Relation' 56

3.222 Verhaltensfunktion oder technisch bedingte Relation 63

3.223 Die Kritik Alexanders und das Konzept des 'repräsentativen' Unternehmers............................70

3.23 Die Wirkung autonomer Investitionen auf den dynamischen Entwicklungsablauf............................75

4. Das System der Wachstumsraten **68**

4.1 Die 'tatsächliche' Wachstumsrate 70

4.2 Die 'befriedigende' ("warranted") Wachstumsrate 73

4.21 Der modelltheoretische Ansatz 73

4.22 Zur Frage des Aussagecharakters 76

4.3 Die 'natürliche' Wachstumsrate 92

4.31 Kriterien und Bedeutungswandel des 'natürlichen' Wachstumskonzepts............................121

4.32 Harrods 'Seeond Fundamental Equation' 127

5. Das Instabilitätstheorem **127**

5.1 Die Grundbedingungen des gleichgewichtigen Wachstums............141

5.2 Die Instabilität des konjunkurellen Gleichgewichtspfades............150

5.3 Ungleichgewichtstendenzen in der langfristigen Wirtschaftsentwicklung............................153

5.31 Die 'dynamisierte' Version des Keynes'schen Stagnation-gedankens............................155

5.32 Die Tendenz zur chronischen Inflation.............................113

5.4 Möglichkeiten einer Stabilisierung des Systems durch
Modifikation der Modellprämissen.............................114

5.41 Säkulares Gleichgewichtswachstum durch Capital Deepening. .117

5.42 Instabilität des langfristigen Gleichgewichtswachstums und
makroökonomische Produktionsfunktion.............................120

5.421 Die Zinsabhängigkeit des Kapitalkoeffzienten bei konstanter
Technik.............................122

5.422 Die Wirkung den 'Harrod-neutralen' technischen Fortschritts
und das Problem der Faktorsubstitution.............................125

5.43 Das Kaldor'sche Stabilitätsargument 133

6. Schlußbetrachtung 136

7. Literaturverzeichnis.............................142

1. Einführung

1.1 Problemstellung und Zielsetzung der Arbeit

Angesichts der mannigfachen und äußerst komplexen Beziehungen im Bereich des wirtschaftlichen und sozialen Geschehens ist der Wirtschaftstheoretiker seit jeher gezwungen, gewisse Bereiche aus diesem Gesamtgefüge einer isolierten Betrachtung zu unterziehen, um eine Erklärung der 'realen' Zusammenhänge des Wirtschaftsablaufs bieten zu können. Die theoretische Forschung stützt sich bei der Auseinandersetzung mit den wirtschaftlichen Erscheinungen vor allen auf die Anwendung von Denkschemata, sog. ökonomischer Modelle, die sich in Hinblick auf eine weitgehende Allgemeingültigkeit der Aussagen in der Regel auf die Darstellung fundamentaler empirischer Zusammenhänge beschränken und von solchen Einflußfaktoren abstrahieren, die für das jeweilige Ziel der Analyse nicht von primärer Bedeutung sind.

Da die Gegebenheiten der ökonomischen and sozialen Umwelt in einem stetigen Wandel begriffen sind, ergibt sich für die Wirtschaftstheorie, soweit sie einen Anspruch auf Wirklichkeitsnähe erhebt, die Notwendigkeit, durch eine laufende Überprüfung der theoretischen Grundlagen auf deren empirische Relevanz und eine ständige 'Anpassung' hinsichtlich der Wahl geeigneter Variabler den veränderten Verhältnissen in der Realität Rechnung zu tragen. So ist das Untersuchungsobjekt der neueren Theorien der wirtschaftlichen Entwicklung - angefangen bei den Konjunkturtheorien über die Keynes'sche Beschäftigungslehre bis hin zur modernen Wachstums-theorie - wohl nicht zuletzt durch die jeweilige spezifische Erscheinungsform des Erfahrungsobjekts beeinflusst worden. Während zunächst in erster Linie die Frage nach den Ursachen der konjunkturellen Schwankungen, die in der Depression der 30-er Jahre ein bis dahin nicht gekanntes Ausmaß erreichten, das Interesse der Wachstumstheoretiker auf sich zog, so hatte man sich, nachdem das zur Bewältigung der Massenarbeitslosigkeit erforderliche Instrumentarium geschaffen war, nunmehr mit der Frage auseinanderzusetzen, wie eine

Krise dieser oder noch größerer Intensität und Dauer künftig verhindert werden, und unter welchen Umständen sich ein gleichgewichtiger und störungsfreier wirtschaftlicher Fortschritt vollziehen könne. Infolge dieser Neuorientierung der wirtschaftspolitischen Prioritäten wurde auch das Interesse der Wirtschaftstheoretiker in zunehmendem Maße auf die Erforschung der Grundlagen einer langfristigen Wirtschaftsentwicklung gelenkt. Indes war man sich darüber im Klaren, dass das analytische Instrumentarium der herrschenden Lehre im Hinblick auf eine befriedigende Lösung dieser Problematik nicht ausreichte und auf einer dem neuen Forschungsziel entsprechenden, leistungsfähigen theoretischen Basis erweitert werden mußte.

Ein vielbeachteter Beitrag zum Problem der langfristigen Wirtschaftsentwicklung stammt von Roy F. Harrod. Ihm wird nach weit verbreiteter Auffassung das Verdienst zuerkannt, mit der Konzipierung seiner 'dynamischen' Theorie den Übergang von der im wesentlichen statischen short-run Analyse bei J.M. Keynes zu einer langfristigen Betrachtungsweise der wirtschaftlichen Entwicklung vollzogen und damit der modernen Wachstumstheorie entscheidende Impulse für ihre Weiterentwicklung gegeben zu haben.

Wenn diese Arbeit sich zum Ziel gesetzt hat, an Hand der zahlreichen Publikationen Harrods zum Entwicklungsproblem die Gründzüge seiner wachstumstheoretischen Vorstellungen einer kritischen Betrachtung zu unterziehen, so muss hierbei insbesondere die Tatsache in Rechnung gestellt werden, dass sein theoretisches Gedankengebäude gegenüber der ursprünglichen Form im Zeitablauf eine Reihe von Modifikationen und Akzentverschiebungen erfahren hat, die seiner Modellvorstellung einen realitätsnäheren und weniger abstrakten Charakter verliehen haben. Es sollen daher neben der reinen Darstellung seines theoretischen Gedankengebäudes ferner gewisse, im Rahmen seiner über 50 Jahre auf diesen Fragenkomplex konzentrierten Forschungstätigkeit erkennbare Entwicklungstendenzen hinsichtlich der Theoriebildung aufgezeigt werden. Diese Zielsetzung konkretisiert sich in erster Linie in der Frage, in welcher Hinsicht sich bestimmte Veränderungen und Verfeinerungen seiner Modellkonzeption gegenüber der in seinen grundlegenden Publikationen vorgeführten Form ergeben haben.

Harrod ist häufig ein Mangel an klarer Gedankenführung vorgeworfen worden, ein Umstand, der angeblich das Verständnis seines wachstumsheoretischen Konzepts erheblich beeinträchtigt. So wird u.a. von Higgins[1] behauptet, man käme bei der Lektüre der Harrod'schen Publikationen, insbesondere seiner 'Dynamischen Wirtschaft'[2], nicht umhin, gleichsam zwischen den Zeilen zu lesen, da jede Hilfestellung in mathematischer oder verbal erklärender Form fehle. Wenn diese von einigen Autoren kritisierten vagen Formulierungen möglicherweise als Ursache für die bestimmte Teilstücke seines Konzepts betreffenden unterschiedlichen Interpretationen seiner Kritiker angesehen werden können - eine Untersuchung dieser Frage kann in Rahmen dieser Arbeit nicht im Einzelnen vorgenommen werden - , so lassen sich andererseits jedoch zahlreiche Beispiele dafür anführen, daß in Harrod's Ausführungen vielfach etwas hineininterpretiert wurde, was in unmittelbarem Widerspruch zu seinen Vorstellungen und Annahmen steht.[3]

---

1 Vgl. Higgins, B. Towards a Dynamic Economices, Review Article, in: The Economic Record, Bd. 24 (1948), S. 176. Ähnlich äußern sich hierzu: Robinson, J., Mr. Harrod's Dynamics, in: The Economic Journal, Bd. 59 (1949): wiederabgedruckt in: Hansen, A.H. and Clemence, R.V., Readings in Business Cycles and National Income, London 1953, S. 232 f., Rose, K., Wachstums- und Konjunkturtheorie, in: Jahrbuch für Sozialwissenschaft, Bd. 13 (1962), S.199.

2 Harrod, R.F., Towards a Dynamic Economics. Some Recent Developments of Economic Theory and Their Application to Policy, London 1948; deutsch: Dynamische Wirtschaft, in: Die Universität, Bd. 8, Wien und Stuttgart 1949.

3 Nach der Auffassung von Helmstädter kann man "das Harrod-Modell getrost zu den am gründlichlisten mißverstandenen Wachstumsmodellen zählen". Helmstädter, E., Harrod und die neoklassische Wachstumstheorie, in: Zeitschrift für die gesamte

Eine Reihe von kritischen Stellungnahmen bezieht sich lediglich auf bestimmte Publikationen Harrods. Allerdings wird man ihm vielfach nur gerecht werden und der Gefahr von Fehlinterpretationen entgehen können, wenn ein möglichst breiter Fächer seiner zahlreich zum Problem der wirtschaftlichen Entwicklung erschienenen neuen Abhandlungen und Aufsätze zum Ausgangspunkt einer kritischen Analyse gewählt wird. Harrod hat selbst vielfach darauf hingewiesen, daß er in seinen Veröffentlichungen jeweils gewisse Teilbereiche seiner dynamischen Theorie einer gesonderten Betrachtung zu unterziehen und dabei von bestimmten Einflußfaktoren zu abstrahieren versucht, die in einer "umfassenden" dynamischen Konzeptien zweifellos ihre Berücksichtigung finden müßten, die jedoch in dem jeweiligen Zusammenhang deshalb bewußt ausgeklammert werden "owing to the maxime of attempting to do only one thing at a time"[4].

1.2 Gliederungskriterien und Abgrenzung des Untersuchungs-gegenstandes

Das Konzept der 'dynamischen'Theorie', die in ihrer ursprünglichen Prägung lediglich in einer grob skizzierten Darstellung bestimmter globaler Zusammenhänge einer fortschreitenden Wirtschaft bestand, wurde von Harrod in der Folgezeit in zunehmendem Maße verfeinert und insbesondere dadurch weiterentwickelt, dass er den Kreis der innerhalb seiner Modellkonzeption relevanten Variablen erweiterte.

Wenn nun der Entwicklungsgedanke bei der Erörterung der theoretischen Vorstellungen Harrods gleichsam ein tragendes Element darstellt, so soll darunter nicht eine chronologische Abfolge einzelner Entwicklungsstadien seines wachstumstheoretischen Gedanken-

---

Staatswissenschaft, Nr. 121 (1965), S. 434. Vgl. auch Schöpf, C.G., Ökonometrische und. empirische Unterstützung für das Harrod-Modell, in: Jahrbücher für Natianalökonomie und Statistik, Bd. 178, 1965, S. 233 ff.

4 Harrod, R.F., Second Essay in Dynamic Theory, in: The Eonomic Journal, Bd. 70 (1960), S. 278.

gebäudes verstanden werden. Zunächst soll die Grundlegung der 'dynamischen Theorie' vor ihrem wirtschaftshistorischen und -politischen Hintergrund im Hinblick auf ihre theoretischen Wurzeln, die bis hin zur Ricardianischen Entwicklungslehre zurückreichen, und unter Berücksichtigung charakteristischer Wesensunterschiede gegenüber der Keynes'schen Beschäftigungstheorie aufgezeigt werden. In Anschluß daran erfolgt eine Analyse der Determinanten des wirtschaftlichen Wachstums und eine Untersuchung der einzelnen Bausteine des Harrod-Modells hinsichtlich der ihnen zugrundeliegenden Prämissen und deren im Zuge der Verfeinerung seines Konzepts erfolgten Modifikationen. Im Rahmen einer Gegenüberstellung der Harrod'schen Wachstumsgleichungen wird in einem weiteren Hauptteil eine Darstellung und Interpretation seines vielfach als 'nachfrage-orientiert' charakterisierten Wachstumsmodells vorgenommen, das schließlich zu einen späteren Zeitpunkt durch die Konzipierung einer 'angebotsorientierten' Variante eine Erweiterung und in gewissen Sinne eine Vervollkommnung erfuhr.

Ein letztes Kapitel setzt sich mit der Erklärung wirtschaftlicher Entwicklungstendenzen aus dem Zusammenwirken der Wachstumsraten auseinander, wobei die im Rahmen der neueren wachstumstheoretischen Diskussion erörterten Möglichkeiten untersucht werden, mithilfe von Modifikationen der Modellprämissen eine Beseitigung der von Harrod behaupteten säkularen Ungleichgewichtstendenzen zu erzielen. Die Frage nach den produktionstheoretischen Grundlagen des Harrod'schen Wachstumsmodells wurde bewußt an dieser Stelle eingegliedert, da dieser Problemkomplex vor allem im Zusammenhang mit der Stabilitätsdiskussion in den Vordergrund des theoretischen Interesses trat, dem jedoch von Harrod im Rahmen seines dynamischen Entwicklungskonzeption keine primäre Bedeutung beigemessen wurde.

Wenn es sich auch bei dieser Arbeit in erster Linie um eine Untersuchung von 'langfristigen' Bewegungen handelt, so kann jedoch in diesem Zusammenhang nicht völlig vom Konjunkturproblem abstrahiert werden. Harrod hat selbst häufig darauf hingewiesen, daß sich Konjunktur- und Wachstumsphänomene in der Realität nie eindeutig als solche identifizieren lassen. Auf die Unzulässigkeit einer strengen Trennung beider Fragenkomplexe im Rahmen einer theoretischen Analyse der wirtschaftlichen Entwicklung hat er deshalb wiederholt aufmerksam gemacht.[5]

Die vorliegende Arbeit beschränkt sich auf die Darstellung der Harrod'schen Vorstellungen hinsichtlich der Entwicklung einer geschlossenen Volkswirtschaft einer reifen Industrienation.[6] Wenn er sich auch in einigen Veröffentlichungen dem Wachstumsproblem unterentwickelter Länder zuwendet, so gilt sein theoretisches Interesse dennoch in der Hauptsache der wirtschaftlichen Entwicklung der 'mature economies'.

Es erweist sich im Rahmen einer wissenschaftlichen Abhandlung aus methodologischen Gründen vielfach als zweckmäßig, den Ausführungen einen Katalog von Prämissen voranzustellen. Harrod hat innerhalb seiner Analyse darauf bewußt verzichtet mit dem Hinweis, daß der theoretische Spielraum dadurch zumeist zu eng abgesteckt wird, und zum anderen vielfach bestimmte Annahmen konstruiert werden, die als völlig absurd und ohne empirischen Gehalt gelten müssen. So ist er davon überzeugt, daß sich ein 'guter' Wirtschaftstheoretiker von einem 'weniger guten' möglicherweise eher durch die Wahl geeigneter Annahmen unterscheidet als die Art der Schlußfolgerungen, die er aus den Annahmen zieht.[7] Allerdings ist die Tatsache, daß Harrod häufig mehr oder weniger stillschweigend bestimmte Prämissen setzt und dem Leser eine entsprechende Interpretation überläßt, wohl nicht zu Unrecht von manchen Kritikern als nachteilig herausgestellt worden.

---

5 Vgl. dazu auch Kap. 5.3 dieser Arbeit.
6 Das Wachstumsproblem unter Einbeziehung des Außenhandels behandelt er im Kap. 4 A seiner 'Dynamischen Wirtschaft'.
7 Vgl. Harrod, R.F., Towards a New Economic Policy, Manchester, 1967, S. 2.

2. Die Dynamisierung des Keynes'schen Systems durch R.F. Harrod

2.1. Die Entstehung der modernen Wirtschaftstheorie vor dem wirtschaftshistorischen Hintergrund

2.11 Die Behandlung des Entwicklungsproblems in der Keynes'schen Beschäftigungslehre

Bereits in den 20-er Jahren zeichnete sich vor allen in den Vereinigten Staaten und Großbritannien eine Entwicklung zu einer Art Massenarbeitslosigkeit ab, die sich mit Hilfe des theoretischen Gedankanguts der traditionellen Beschäftigungslehre in keiner Weise deuten ließ. Angesichts einer weltweiten Tendenz zur Wirtschaftsdepression, die in den meisten Industrienationen vorherrschte und schließlich in der Weltwirtschaftskrise ihren Höhepunkt fand, sahen sich insbesondere die Wirtschaftstheoretiker vor die dringliche Aufgabe gestellt, eine Erklärung für dieses Phänomen zu finden und der Wirtschaftspolitik ein adëquates Instrumentarium zur Bewältigung dieser in den Ausmaß bis dahin nicht gekannten Misère an die Hand zu geben. Diese Aufgabe erschien umso dringlicher aufgrund der Erkenntnis, daß den Wirtschaftsmechanismen offenbar keine Kräfte innewohnten, um zyklischen Schwankungen dieser Art entgegen wirken zu können und eine automatische Wiederherstellung des Vollbeschäftigungsgleichgewichts zu gewährleisten. Die erneute Auseinandersetzung mit dem Beschäftigungsproblem ist somit nicht auf ein Bedürfnis der Wissenschaft, sondern auf eine zwingende wirtschaftspolitische Notwendigkeit zurückzuführen.[8]

Einer der umfassendsten und meistbeachteten Beiträge zu diesem Problemkreis stammt von John Maynard Keynes aus dem Jahre 1936.[9]

---

8 Vgl. Wessels, Th., Art. "Vollbeschäftigung", in: HdSW, Bd. 11 (1961), S. 417.

9 Keynes, J.M., The General Theory of Employment, Interest and Money, London 1936; deutsch: Allgemeine Theorie der

Seine theoretischen Untersuchungen beziehen sich jedoch nicht auf das Problem des Konjunkturzyklus schlechthin, sondern insbesondere auf "die Frage, welche Faktoren letztlich für den Zustand permanenter Unterbeschäftigung verantwortlich sind".[10] Die theoretischen Vorstellungen von Keynes können im Rahmen dieser Arbeit nicht in extenso erörtert werden. Die Tatsache jedoch, daß die Wachstumskonzeptionen der postkeynesianischen Wirtschaftstheoretiker nachhaltig durch das von ihm im Zusammenhang mit seiner Beschäftigungslehre entwickelte Gedankengut geprägt worden sind, läßt eine skizzenhafte Darstellung der theoretischen Behandlung der Entwicklungsproblematik bei Keynes gewissermaßen als Vorspann notwendig erscheinen.

Ausgehend von einem Gleichgewicht zwischen Gesamtangebot und -nachfrage auf dem Vollbeschäftigungsniveau untersucht er unter Verwendung seiner bekannten Definitionsgleichungen[11] die Wirkungen, die sich bei steigendem Volkseinkommen auf die Einkommensverwendung ergeben. Da unter der Annahme gleichbleibender Geldlöhne die Konsumausgaben aufgrund des fundamental-psychologischen Gesetzes unterproportional zur Einkommenssteigerung zunehmen, kann eine Gleichgewichtssituation nur realisiert werden, wenn der Sparüberhang durch entsprechende Nettoinvestitionen absorbiert wird. Da aber das durch die zusätzlichen Investitionen geschaffene Angebot infolge der geringeren Konsumneigung nicht voll nachfragewirksam wird, bilden sich im Unternehmenssektor unabsetzbare Gütervorräte. Die Unternehmer werden daher auf Grund geringerer Gewinnerwartungen ihre Investitionstätigkeit einschränken, in zunehmendem Maße Arbeiter entlassen und das Halten liquider Mittel bevorzugen. Sinkende Investitionsraten führen über den Multiplikatormechanismus zu einer

---

Beschäftigung, des Zinses und des Geldes, München und Leipzig 1936.

10 Rose, K., Die Bedeutung des Akzeleratorprinzips für die Dynamisierung des Keynes'schen Systems, in: Jahrbücher für Nationalökonomie und Statistik, Bd. 165 (1953), S. 323

11 Vgl. Keynes, J.M., Allgemeine Theorie ..., a.a.O. S. 55

Schrumpfung des Gesamteinkommens. Der Kontraktionsprozess vollzieht sich schließlich bis zu einem Punkt, wo die Investitionslücke verschwindet und die freiwilligen Ersparnisse mit den geplanten Investitionen auf einem tieferen Beschäftigungsniveau zu einem Gleichgewicht finden.

Darüber hinaus formulierte Keynes die These, daß sich in entwickelten Industrienationen die Tendenz zu einem fortgesetzten Nachfragedefizit und zur chronischen Arbeitslosigkeit durchsetzen könne, da die Investitionsneigung auf Grund mangelnder Anlagegelegenheiten so gering ist, daß sich ein ständiger Sparüberhang über die geplanten Investitionen einstelle.[12] Diese Vorstellung wurde von einigen Keynes-Schülern übernommen und u.a. von Higgins und Hansen zur Stagnationstheorie ausgeweitet. Auch bei Harrod wird der Stagnationsgedanke in einer 'dynamisierten' Version wiedergegeben und aus der Tatsache erklärt, daß das realisierte Sparangebot den Wert übertrifft, der im Rahmen der Bevölkerungsentwicklung und des technischen Fortschritts als 'volkswirtschaftlichen Erfordernis' angesehen wird.[13]

Nach der Auffassung von Keynes hatte die Wirtschaftspolitik ihre Maßnahmen vornehmlich auf eine Beseitigung der Nachfragelücke und die Überwindung der unfreiwilligen Unterbeschäftigung zu konzentrieren. Er empfahl daher, daß der Staat am Markte als Nachfrager auftrete, wobei er sich die hierfür erforderlichen Mittel durch Geldschöpfungsakte im Rahmen des 'deficit spending' beschaffen solle. Der Zweck der Staatsausgaben müsse darauf gerichtet sein, zusätzliche Einkommen zu schaffen und eine Rückgliederung der unbeschäftigten Arbeitskräfte in den Produktionsprozeß zu ermöglichen. Staatliche

---

12 Wessels weist darauf hin, daß Keynes' Theorie der säkularen Stagnation nicht von der Grundidee der Beschäftigungstheorie abhängig ist. Vgl. Wessels, Th., a.a.O., S. 419 f.. Siehe hierzu auch den Diskussionsbeitrag von Schneider, E., Die Problematik der Vollbeschäftigung, Schriften des Vereins für Socialpolitik, N.F. 3, 1951, S. 15 f.; derselbe, Der Streit um Keynes, in: Jahrbücher für Nationalökonomie und Statistik, Bd. 165 (1953), S. 114.

13 Vgl. hierzu insbesondere Kap. 5.31.

Investitionen mit Kapazitätseffekt hätten dagegen angesichts der brachliegenden Produktionskapazitäten das Beschäftigungsproblem noch verschärft. Darüber hinaus sollte die private Investitionstätigkeit durch eine Politik des billigen Geldes angeregt werden.

2.12. Ansatzpunkte und Grundsätze der modernen Wachstumstheorie

Etwa mit dem Beginn der 50-er Jahre vollzog sich ein entscheidender Wandel in der Akzentuierung der Wirtschaftspolitik, bedingt durch den allgemeinen wirtschaftlichen Aufschwung, der sich in der Nachkriegszeit überwiegend in den entwickelten Volkswirtschaften der westlichen Welt durchzusetzen begann. Die infolge der Kriegseinwirkungen stark reduzierten Produktionskapazitäten waren nahezu wieder vollbeschäftigt; zudem hatten sich die düsteren Prognosen einer säkularen Stagnation nicht bewahrheitet, so daß angesichts dieser veränderten wirtschaftspolitischen Situation die von Keynes vorgeschlagenen Maßnahmen im Rahmen einer aktiven Konjunkturpolitik nicht mehr als vorrangig galten. Stattdessen hatte sich die Wirtschaft in den Nachkriegsjahren mit den Problemen auseinanderzusetzen, die sich im Zusammenhang mit einer ständigen Ausweitung des Kapitalapparates ergaben. Infolgedessen war man im Bereich der Wirtschaftspolitik um ein geeignetes Instrumentarium bemüht, daß der Sicherung einer kontinuierlichen und störungsfreien wirtschaftlichen Expansion diente.

Auf Grund der Aktualität und des allgemeinen Interesses, in das der mit der Wachstumsproblematik verbundene Fragenkomplex gerückt war, wurde auch die Wirtschaftstheorie zur Erforschung der theoretischen Grundlagen einer wachsenden Wirtschaft angeregt, was sich insbesondere in der Fülle der seit Kriegsende zum Thema "Wirtschaftswachstum" erschienenen Veröffentlichungen widerspiegelt.[14] Einen nicht unbedeutenden Einfluß auf die rasche

---

14 Das Theoretisieren über Wachstumsprobleme wurde gewissermaßen zu einer Art "Modeerscheinung" der Nachkriegszeit; Vgl. Bombach,

Entwicklung der wachstumstheoretischen Forschung übten vor allem zwei Faktoren aus [15]:

1. Die Spaltung der Welt in zwei politische Lager, die auf wirtschaftlichem Sektor einander durch höhere Wachstumsraten zu übertrumpfen versuchen, eine Entwicklung, die besonders durch den Osten forciert wurde.

2. Die Wachstumsprobleme unterentwickelter Länder und die moralische Verpflichtung der übrigen Welt, ihnen durch angemessene Zuteilung von Entwicklungshilfen zu einem verbesserten Lebensstandard zu verhelfen.

Den Ausgangspunkt der theoretischen Erörterungen bilden in erster Linie die Publikationen von Roy F. Harrod und Evsey D. Domar, die beide unabhängig voneinander zu ähnlichen Ergebnissen gelangten. Insbesondere aber wird es als Verdienst Harrods angesehen, mit seinen in den Jahren 1946/47 gehaltenen und veröffentlichten Vorlesungen[16] der modernen Wachstumstheorie zum Durchbruch verholfen zu

---

G., Wirtschaftswachstum und Stabilität, in: Wachstum und Konjunktur; Veröffentlichungen der Deutschen Volkswirtschaftlichen Gesellschaft e.V., Bd. 21, Darmstadt-Opladen 1960, S. 7.

15 Vgl. Walter, H., Investitionen und technischer Fortschritt in der neueren Wachstumstheorie und die Problematik wirtschaftspolitischer Rezepte, in: Theoretische und institutionelle Grundlagen der Wirtschaftspolitik, Festschrift für Th. Wessels zum 65. Geburtstag, Berlin 1967, S. 221. Rose, K., Wachstums- und Konjunkturtheorie, a.a.O., S. 197. Diese Auffassung wird auch geteilt von Bombach, G., Von der Neoklassik zur modernen Wachstums- und Verteilungstheorie, in: Schweizerische Zeitschrift für Nationalökonomie und Statistik, 100. Jg.(1964), S. 402; Vgl. auch Bruton, H.J., Contemporary Theorizing on Economic Growth, in: Theories of Economic Growth, Glencoe (Ill.) 1960, S. 240 f.

16 Harrod, R.F., Towards a Dynamic Economics, a.a.O.

haben.[17]

Obwohl Harrod die Grundlagen seiner Theorie bereits gegen Ende der 30-er Jahre umrissen hatte, blieben dennoch diese ersten Ansätze seinerzeit innerhalb der theoretischen Diskussion, die zweifellos zu dem Zeitpunkt noch in Banne der Keynes'schen Lehre stand, ohne nennenswerte Resonanz. Als man schließlich nach den Anfängen der modernen Wachstumstheorie forschte, stieß man auf eine Reihe von Publikationen Harrods, in denen der Wachstumsgedanke - allerdings zunächst in engem Zusammenhang mit dem Konjunkturproblem - bereits anklingt. Harrod selbst bezeichnet als seinen ersten Beitrag zur Wachstumstheorie einen 1954 veröffentlichten Artikel, in dem er "bestimmte Annahmen F.A. von Hayeks zu widerlegen versuchte"[18] Er gesteht zu, daß dieser Beitrag, vor dem Erscheinen von Keynes General Theory verfaßt, zwar noch entscheidende Mängel aufweist, allerdings die Gleichgewichtsbedingung zwischen dem Gesamtangebot und der Gesamtnachfrage bereits im Rahmen eines dynamischen Konzepts erörtert.

In der zwei Jahre später erschienenen Abhandlung The Trade Cycle[19] unterstreicht Harrod die Notwendigkeit "of approaching the business cycle as a problem of an expanding economy"[20], wobei er in der dynamischen Wechselbeziehung zwischen dem Multiplikator und der 'Relation' bzw. dem Akzelerator den Schlüssel zum Verständnis des

---

17 Vgl. Riese, H., Gleichgewichtswachstum und optimales Wachstum in der Neoklassischen Wirtschaftstheorie, in: Kyklos, Bd. 17 (1964), S. 40.
18 Harrod, R.F., The Expansion of Credit in an Advancing Community, in: Economica, NS. 1 (1934). Wiederabgedruckt in: Economic Essays, London 1952, S. 221, Anm. 1. Gegenstand dieser Untersuchung bildet insbesondere die Diskussion um die gegensätzlichen geldtheoretischen Vorstellungen bei Keynes und von Hayek.
19 Harrod, R.F., The Trade Cycle, Oxford 1956.
20 Hicks, J.R., A Contribution to the Theory of the Trade Cycle, Oxford 1950, S. 8.

Konjunkturzyklus sieht. Die Konstellation seiner 'drei dynamischen Determinanten' ist letztlich für die Richtung der wirtschaftlichen Entwicklung ausschlaggebend: Die beiden ersten Determinanten, die Sparneigung und die Höhe des zusätzlichen Gewinns, der aus dem zusätzlichen Erlös der Produktionsteigerung resultiert, wirken sich fortschrittshemmend aus, während die dritte Einflußgröße, das Kapital-Ausstoß-Verhältnis, die restriktive Wirkung der beiden ersten Determinanten aufheben kann.[21] Die Steigerung des Gesamtein-kommmens ist mit einer Erhöhung der Sparneigung und einer Ausdehnung der Gewinne verbunden, deren negative Wirkung auf den wirtschaftlichen Fortschritt dann vereitelt werden kann, wenn trotz eines im Aufschwung steigenden Zinses zu kapitalintensiveren Produktionsweisen übergegangen wird und die durch die zur Sozialproduktsteigerung überproportionale Zunahme des Sparvolumens bereitgestellten Kapitalmittel durch entsprechende Nettoinvesti-tionsakte absorbiert werden. Allerdings kommt hier dem Charakter des technischen Fortschritts eine entscheidende Bedeutung zu."[22]

Aus dem gleichen Jahr datiert ein weiterer Beitrag Harrods, in dem er der Notwendigkeit nach der Formulierung einer dynamischen Theorie im Hinblick auf eine befriedigende Lösung des Entwicklungsproblems Ausdruck verleiht.[23] Den entscheidenden Grundstein für seine weiteren wachstumstheoretischen Erörterungen legt er schließlich im Jahre 1939 mit der Veröffentlichung seines "Essays"[24], der heute allgemein als Pionierleistung auf diesem Forschungssektor anerkannt wird.

---

21 Vgl. Harrod, R.F., ebenda. S. 88 ff.
22 Ebenda, S. 102 f.
23 Harrod, R.F., Keynes and Traditional Theory, in: Econometrica, Bd. 5 (1937); wiedergegeben in: ders., Economic Essays, London 1952, S. 237 ff., Vgl. insbesondere S. 252 f.
24 Ders., An Essay in Dynamic Theory, in: The Economic Journal, Bd. 49 (1939), S. 14 ff. Wiederabgedruckt in: ders., Economic Essay; London 1952, S. 254 ff. und in: Hansen, A.H. and Clemence, R.V., Readings in Business Cycles and National Income, London 1953, S. 200 ff.

Das theoretische Interesse Harrod's ist zunächst – zumindest, soweit man seine Publikationen vor dem Krieg untersucht - keineswegs darauf gerichtet, die Grundlagen einer Wachstumstheorie zu konzipieren. Vielmehr standen seine theoretischen Vorstellungen bis zu diesem Zeitpunkt noch ganz unter dem Eindruck des Konjunkturphänomens, während die Wachstumsproblematik hier nur am Rande behandelt wird. Der 'langfristige' Aspekt spielt jedoch in seiner Analyse bereits insofern eine Rolle, als er die zyklischen Schwankungen als Oszillationen um einen Wachstumstrend verstanden wissen will.

Harrod, dessen Gedankengut als Keynes-Schüler und einer seiner engsten Mitarbeiter nachhaltig durch dessen Lehre geprägt war, bedient sich in seiner Analyse im wesentlichen des Keynes'schen Begriffsapparates, den er um das Prinzip der "Relation" bzw. des Akzelerators erweitert und damit einen integrierenden Bestandteil in die Untersuchung einbezieht, womit gleichsam die "Dynamisierung" des Keynes'schen $ystems eingeleitet[25] und eine in sich geschlossene Konjunkturtheorie auf der Basis des Multiplikator-Akzelerator-Mechanismus geschaffen werden konnte. Harrod hält Keynes entgegen, diesen notwendigen Schritt nicht vollzogen zu haben, wenn er äußert: "Keynes übergeht das, was man gewöhnlich - vom Standpunkt meiner Terminologie aus - unglücklicherweise das Akzelerationsprinzip nennt".[26] Es ist deshalb im wesentlichen ein dynamisches Prinzip, "da es die Größe der Nachfrage nach neuem Kapital als eine Funktion der Wachstumsrate der Wirtschaft betrachtet".[27]

In Keynes' Analyse wird zwar die Wirkung von Änderungen in dem

---

25 Vgl. Harrod, R.F., Les Relations entre l'Investissement et la Population, in: Revue Economique, Vol. 6, (1955), S. 358. Siehe dazu auch Rose, K., Die Bedeutung des Akzelerationsprinzips..., a.a.O., S. 322

26 Harrod, R.F., Dynamische Wirtschaft, a.a.O. S. 22. Statt des Begriffs "Akzelerationsprinzip" verwendet Harrod in seinem "Trade Cycle" (vgl. Kap. II, Abschn.1) den Terminus "Relation".

27 Ebenda, S. 22.

Wert der einzelnen Bestimmungsgrößen auf das allgemeine Niveau der Produktion untersucht - und diese Art der analytischen Methodik rechtfertigt nach dessen Auffassung bereits die Bezeichnung "dynamisch"[28] - ; da es sich hierbei jedoch um einmalige Änderungen und nicht die Betrachtung von Änderungsraten handelt, kann in diesem Fall der wirtschaftliche Entwicklungsprozess nur in einem komparativ-statischen Vergleich der jeweiligen Produktionsniveaus dargestellt werden. Andererseits verwendet Keynes in seiner Analyse Elemente, die von Harrod als vorwiegend dynamisch charakterisiert werden.[29]

Einen weiteren Anlaß zu kritischen Anmerkungen hinsichtlich des analytischen Vorgehens in der 'Allgemeinen Theorie' sieht Harrod in der Tatsache, dass Keynes sein Interesse einseitig auf den Fall mangelnder effektiver Nachfrage als Ursache für die Entwicklung zu einem Gleichgewicht bei Unterbeschäftigung richtet, obwohl seine Theorie logischerweise auch die Existenz eines Gleichgewichts bei Überbeschäftigung ('over-full employment equilibrium') aufgrund eines Überhangs an effektiver Nachfrage impliziert.[30] Er ist daher der Auffassung, daß die 'Allgemeine Theorie' ihre Aufgabe insofern nur halb erfüllt habe, da Keynes ausschließlich die Situation untersucht, in der der Liquiditätszins über dem Gleichgewichtszins bei Voll-beschäftigung liegt, während er die umgekehrte Möglichkeit - so vermutet Harrod - aufgrund der seinerzeit herrschenden wirt-schaftlichen Gegebenheiten für nicht relevant hielt.[31] Dieser Fall ist nun um so mehr in den Vordergrund des theoretischen Interesses gerückt, als man entdeckte, daß der wirtschaftliche Aufschwung der Nachkriegsjahre von einer permanent inflationären Tendenz begleitet

---

28 Vgl. Keynes, J.M., Allgemeine Theorie ..., a.a.O, S. VI (im englischen Vorwort)

29 Vgl. dazu insbesondere Kap. 2.22.

30 Vgl. Harrod, R.F., Inflation in Dynamic Theory, in: Stabile Preise in wachsender Wirtschaft, Festschrift für E. Schneider, Hrsg. von G. Bombach, Tübingen 1960, S. 167 f.

31 Vgl. Harrod, R.F., Dynamische Wirtschaft, a.a.O., S. 90.

war.[32]

2.2 Die Stellung der dynamischen Theorie Harrods gegenüber der Keynes'schen Lehre und ihre theoretischen Wurzeln

2.21 Short-run versus long-run Analyse

Nachdem im vergangenen Kapitel auf verschiedene Gründe für die Akzentverlagerung hingewiesen wurde, die sich in der entwicklungstheoretischen Forschung vor dem wirtschaftshistorischen Hintergrund seit der Zeit der 50-er Jahre abzeichnete, ist hier die Frage zu untersuchen, welche Stellung das Wachstumskonzept der Postkeynesianer gegenüber der Keynes'schen Lehre einnimmt. Als die moderne Wachstumstheorie Harrod-Domar'scher Prägung in ihren Grundzügen vorlag, bestand zunächst keineswegs Einmütigkeit in der Frage, ob mit ihr eine Überwindung oder eine konsequente Weiterführung des Keynes'schen Gedankenguts eingeleitet worden war. Auch wenn sich in der gegenwärtigen Diskussion weitgehend die Auffassung durchgesetzt hat, daß die Theorie des gleichgewichtigen Wachstums die logische Konsequenz zu Keynes' Einkommens- und Beschäftigungstheorie darstellt [33], ist es dennoch in diesem Zusammenhang von Interesse zu untersuchen, mit welcher Begründung die Behauptung gerechtfertigt werden kann, daß die postkeynesianische

---

32 Allerdings hält Robinson diese Behauptung für ungerechtfertigt, wenn sie sagt: "It is true that Keynes being interested in the problems of the nineteen thirties, did not elaborate the analysis of conditions of excessive effective demand, but he provided a sketch." Robinson, J., Mr. Harrod's Dynamics, a.a.O., S. 243; Erst während der Kriegsjahre hat sich Keynes angesichts einer zunehmenden Kaufkraftvermehrung den Inflationsproblem in verstärktem Maße zugewandt. Vgl. hierzu auch Wessels, Th., Wirtschaftspolitik im Zeichen der Vollbeschäftigung, in: Die Problematik der Vollbeschäftigung, Schriften des Vereins für Socialpolitik, N.F. 3 (1951), S. 154.

33 Vgl. hierzu Bombach, G., Von der Neoklassik ..., a.a.O. S. 402

Wachstumstheorie gegenüber Keynes' Lehrgebäude eine Antithese darstellt.

Zunächst ist festzustellen, daß sich beide Theorien von der Problemstellung her wesentlich voneinander unterscheiden. Keynes theoretisches Interesse galt, wie dargelegt wurde, in erster Linie der Frage nach den Ursachen, die zur unfreiwilligen Unterbeschäftigung führen konnten, und welche wirtschaftspolitischen Maßnahmen sich zu einer kurzfristigen Beseitigung dieses Zustandes eignen. Seine allgemeine Theorie der Beschäftigung läßt sich als eine Theorie der kurzen Periode charakterisieren. Indem er von einer im Zeitablauf konstanten Produktionskapazität ausgeht und lediglich die Einkommenswirkung der Nettoinvestitionen berücksichtigt, vermag er zwar die Schwankungen des Einkommens und der Beschäftigung im Konjunkturzyklus, nicht aber die lnagfristigen Veränderungen, den Trend des Einkommens und der Beschäftigung zu erklären".[34] Um langfristige Entwicklungstendenzen der Wirtschaft aufzuzeigen, sind, wie insbesondere Harrod und Domar nachzuweisen versuchen, die von ihm erarbeiteten analytischen Werkzeuge nicht ausreichend. Im Hinblick auf eine befriedigende Lösung des langfristigen Entwicklungsproblems, so wird ferner behauptet, müsse sein theoretisches Gedankengut, das im wesentlichen komparativ-statische Züge trägt, durch ein dynamisches Konzept ersetzt werden.

In der Einführung der dynamischen Analyse Harrod'scher Prägung, in deren Mittelpunkt die Frage nach den Bedingungen eines störungsfreien Wachstums erörtert und in der gleichermaßen kurzfristige wie langfristige Entwicklungsprozesse erklärt werden[35], ist nun aber keinesfalls bereits eine Überwindung der Keynes'schen Theorie zu

---

34 Schneider, E., Der Streit um Keynes, a.a.O., S. 97.
35 Schneider macht in diesem Zusammenhang darauf aufmerksam, daß die statische Analyse nicht mit der short-run Analyse und die dynamische nicht mit der long-run Analyse identifiziert werden darf. Schneider, E., Artikel, Statik und Dynamik, in: HdSW, Bd. 10 (1959), S. 27 f.

sehen, denn "Keynes was concerned with one problem, Harrod with another, and both of their respective models are legitímate".[36] Keynes hat selbst immer wieder darauf hingewiesen, daß seine makroökonomische Gleichgewichtstheorie eine Theorie der kurzen Periode sei. Seine indifferente Einstellung gegenüber sog. 'langfristigen' Analysen hat er mit der Bemerkung zum Ausdruck gebracht: "In the long run we are all dead"[37].

Ein wesentlicher Ansatzpunkt zur Kritik ergibt sich für die postkeynesianisehen Wachstumstheoretiker durch die einseitige Behandlung des Investitionsproblems durch Keynes, der in seiner Analyse lediglich die unmittelbare Wirkung der Nettoinvestition auf das Niveau des Einkommens und der Beschäftigung berücksichtigt. Grundsätzlich gehen jedoch von jeder Investition zwei Wirkungen aus. Domar spricht in diesem Zusammenhang von dem dualistischen Charakter der Nettoinvestition.[38] Der kurzfristigen Einkommenswirkung steht der langfristige Effekt gegenüber, der sich in einer Steigerung der Produktionskapazität äußert.

Da bei Keynes im Vordergrund des Interesses eine kurzfristige Beseitigung der Unterbeschäftigung steht, kann er von dem sich erst auf längere Sicht abzeichnenden Kapazitätseffekt der Investitionen absehen. Harrod ist allerdings der Auffassung, "wir betreiben keine gesunde Politik, wenn wir das Problem der Arbeitslosigkeit von Monat zu Monat ad hoc zu lösen versuchen, ohne auf die fundierte Höhe der Kapitalausgaben Rücksicht zu nehmen, die bei gegebenen Grundbedingungen für den Fortschritt der Wirtschaft erforderlich sind."[39]

---

36 Shackle, G.L.S., A Scheme of Economic Theory, Cambridge 1965, S. 114.

37 Vgl. Harrod, R.F., Policy against Inflation, London 1958, S. 66.

38 Vgl. hierzu Domar, E., Expansion and Employment, in: The American Economic Review, Bd. 37(1947), S. 46 ff.

39 Harrod, R.F., Dynamische Wirtschaft, a.a.O., S. 93.

Für ihn und Domar[40] kann das Gleichgewichtsproblem der wirtschaftlichen Entwicklung nur im Rahmen einer langfristigen Analyse befriedigend gelöst werden, in der beide Wirkungen der Investition gleichermaßen Berücksichtigung finden. Unter diesem Aspekt des Entwicklungsprobleme ergibt sich damit gegenüber Keynes ein Wandel in der Problemstellung, der in der Auffassung der Wachstumstheoretiker begründet liegt, "that the study of an expanding economy proceeds much more conveniently in the form of a theory of output than of a theory of employment. This is a shaft which is, of course, mainly directed against Keynes."[41]

Während die postkeynesianische Wachstumstheorie zunächst zwar in bewußtem Gegensatz zu Keynes entwickelt wurde und hinsichtlich der unterschiedlichen analytischen Ausgangspunkte mit einer gewissen Berechtigung von einer Antithese gesprochen werden kann, hat sich in der neueren Diskussion die Auffassung durchgesetzt, daß die moderne Wachstumstheorie letztlich aus der Keynes'schen Lehre hervorgegangen ist.[42] So ist Kurihara der Überzeugung, daß ohne Keynes' Theorie der effektiven Nachfrage "Harrod's growth theory might not have seen the light".[43] Wenn beide Theorien zwar das Entwicklungsproblem unter verschiedenartigen Gesichtspunkten behandeln, so werden jedoch, wie im folgenden noch gezeigt wird, die von Keynes entwickelten analytischen Werkzeuge von den Wachstumstheoretikern zu einem wesentlichen Teil übernommen; insbesondere wird in beiden Theorien derselbe Begriff des makroökonomischen Gleichgewichts verwandt.[44]

---

40 Domar, E., Capital, Expansion, Rate of Growth, and Employment, in: Econometrica, Vol. 14 (1946), S. 139.

41 Hicks, J.R., A Contribution..., a.a.O., S. 8

42 Auch Harrod gesteht zu, daß "modern dynamic theory is an outgrowth of Keynesian theory", Harrod, R.F., Dynamic Theory and Planning, in: Kyklos, Bd. 15 (1962), S. 71.

43 Kurihara, K.K., The Keynesian Theory of Economic Development, London 1959, S. 20.

44 In diesem Zusammenhang bemerkt Wright: "No one can say that

2.22 Die 'Dynamik' des wirtschaftlichen Entwicklungsprozesses

Die Anwendbarkeit der Keynes'schen Gleichgewichtskonzeption im Rahmen einer Analyse des gleichgewichtigen Wachstums wird von Harrod wegen ihres komparativ-statischen Charakters in Frage gestellt. Um eine logisch befriedigende Lösung des Gleichgewichtsproblems erzielen zu können, "a new method of approach indeed - a mental revolution - is needed "[45]. In der dynamischen Betrachtungsweise das Entwicklungsphänomens sieht Harrod die notwendige analytische Basis für eine Erforschung der Grundlagen des fortschreitenden wirtschaftlichen Gleichgewicht[46], in der gleichermaßen konjunkturellen wie säkularen Entwicklungstendenzen Rechnung getragen wird. Die Bedeutung des dynamischen Prinzips, dessen Erörterung in den grundlegenden Veröffentlichungen Harrod zur Wachstumstheorie breiten Raum einnimmt, versucht er im Rahmen einer Vergleichsanalyse mit der statischen Gleichgewichtstheorie hervorzuheben. Zunächst nimmt er eine grundsätzliche Klärung der Begriffe Statik und Dynamik in Analogie zu den Begriffsbestimmungen auf der physikalisch-methodischen Ebene vor. Statik beschreibt dementsprechend einen Zustand der Ruhe, in dem die Werte der maßgeblichen

---

Harrod is not a Keynesian", Wright, D. McCord, Mr. Harrod and Growth Economics, in: The Review of Economics and Statistics, Bd. 51(1949). Wiederabgedruckt in: Hansen, A.H., and Clemence, R.V., Reading: in Business Cycles and National Income, London 1953, S. 222 f.

45 Harrod, R.F., An Essay ..., a.a.O., S. 202

46 Vgl. Harrod, R.F., Keynes and Traditional Theory, a.a.O., S. 252 f.; ders. An Essay ..., a.a.O., S. 202. Harrod weist hier darauf hin, daß die Bedeutung der statischen Theorie in ihren Anwendungsbereichen damit keineswegs verkannt oder geschmälert werde (Vgl. Dynamische Wirtschaft, a.a.O., S. 13 f.). Insofern muß die von Boulding an diesem Punkt geäußerte Kritik als gegenstandslos betrachtet werden, vgl. Boulding, K.E., In Defense of Statistics, in: The Quarterly Journal of Economics, Bd. 69 (1955), insb. S. 492.

Variablen konstant bleiben.[47] Dieser Ruhezustand ist allerdings nicht durch Untätigkeit gekennzeichnet, es handelt sich hierbei vielmehr um einen Vorgang, der sich auf einem bestimmten Niveau abspielt, bei dem sich die maßgeblichen Komponenten bzw. Kräfte in der Waage halten, im sog. statischen Gleichgewicht.[48] Analog bedeutet "Statik" im Bereich der Wirtschaftstheorie" de facto nicht die Betrachtung der stationären Wirtschaft schlechthin, sondern nur die Betrachtung des Gleichgewichts der stationären Wirtschaft".[49] Eine von außen verursachte (einmalige) Veränderung in dem Wert einer Variablen führt zu einer Störung des Gleichgewichts, das sich unter der Voraussetzung, daß das gesamte System interdependent ist, nach unmittelbar erfolgter Anpassung der übrigen Bestimmungsgrößen auf einem neuen Niveau einfindet. Darüber, wie sich die Anpassung in jeder Phase vollzieht, vermag die statische Theorie jedoch nichts auszusagen. Eine Entwicklung kann somit nur im Rahmen einer komparativ-statischen Analyse aufeinanderfolgender Gleichgewichtslagen aufgezeigt werden. Harrod hält es daher für zweckmäßig, "alle Probleme, die mit der Bewegung zu neuer Gleichgewichtslage nach einer einmaligen Änderung zusammenhängen, statischer Behandlung zuzuweisen. Dynamische Behandlung wird für jene Fälle vorbehalten bleiben, in denen es sich um die Wirkungen anhaltender Änderungen und um die Beträge der Änderungen in den zu bestimmenden Werten handelt."[50]

Dynamische Abläufe zeichnen sich durch stetige Änderungen in der

---

47 Vgl. Harrod, R.F., Dynamische Wirtschaft, a.a.O., S. 11 f.

48 L'état de repos' de la théorie statique est une situation où certaines variables maintiennent des valeurs constantes ...", Harrod, R.F., Vers une théorie dynamique, in: Mélanges économiques et sociaux offerts à E. Witmeur, Paris 1939, S. 164.

49 Preiser, E., Multiplikatorprozeß und dynamischer Unternehmergewinn, in: Jahrbücher für Nationalökonomie und Statistik, Bd. 167 (1955), S. 125. Wiederabgedruckt in: ders., Bildung und Verteilung des Volkseinkommens, 2. Aufl., Göttingen 1961. (Hervorhebung von Preiser)

50 Harrod, R.F., Dynamische Wirtschaft, a.a.O., S. 17

Höhe der maßgeblichen Einflußgrößen aus, womit pari passu kontinuierliche Wachstums- oder Schrumpfungsprozesse des Gesamtsystems einhergehen. Handelt es sich hierbei um gleichbleibende Änderungsraten, so eignet sich zur Bezeichnung dieses Bewegungsvorgangs in Analogie zur physikalisch-methodischen Sphäre der Begriff "Schnelligkeit"[51], während "Beschleunigung" (oder "Verzögerung") eine Änderung dieses Änderungsfaktors bedeuten würde[52]. Im ersten Falle ergibt sich eine Übereinstimmung zwischen marginaler und durchschnittlicher Änderungsrate, im letzteren sind beide Raten ungleich. Die stetige Zunahme (oder Abnahme) eines 'fundamentalen' Faktors vollzieht sich nicht wie im Fall des statischen Gleichgewichts in einer Aufeinanderfolge von sog. "ones-over changes"[53], aus denen sich nach erfolgter Anpassung des übrigen Faktorbündels sukzessive neue Gleichgewichtslagen ergeben. Unter dynamischem Aspekt sind sämtliche Bestimmungsgrößen einer stetigen Änderung unterworfen, wobei Harrod als entscheidendes Charakteristikum seiner dynamischen Analyse den Tatbestand herausstellt, daß die Untersuchung der Änderungsraten auf einen gegebenen Zeitpunkt bezogen ist[54], infolgedessen finden time-lags in der Untersuchung keine Berücksichtigung.

Ein von der Harrod'schen Konzeption abweichender Dynamikbegriff wurde von Frisch in die Wirtschaftstheorie eingeführt.[55] Seiner

---

51 Als äquivalenten deutschen Ausdruck für den englischen Terminus "velocity" schlägt Ott stattdessen den Begriff "Geschwindigkeit" vor; vgl. Ott, A.E., Einführung in die dynamische Wirtschaftstheorie, Göttingen 1963, S. 20.

52 Vgl. Harrod, R.F., ebenda, S. 12.

53 Vgl. Harrod, R.F., Policy against Inflation, a.a.O., S. 158.

54 "The analysis relates to a single point of time", Harrod, R.F., An Essay ..., a.a.O., S. 211. Vgl. auch ders., Second Essay, a.a.O., S. 279.

55 Frisch bemühte sich erstmalig um eine Erklärung der terminologischen Differenzen um die Begriffspaare Statik und Dynamik einerseits, 'stationäre' und 'evolutionäre ' Wirtschaft andererseits.

Interpretation entsprechend beziehen sich in der statischen Analyse sämtliche Variablen auf einen Zeitpunkt bzw. eine Periode, während die relevanten Variablen in der dynamischen Analyse auf verschiedene Zeitpunkte bezogen sind. Das Kriterium des 'dating' ist auch für die Begriffsdefinition von Hicks entscheidend: "I call Economic Statics those parts of economic theory where we do not trouble about dating; Economic Dynamics those parts where every quantity must be dated."[56]

An der Frage, ob dem Problem des Zeitfaktors eine Bedeutung im Hinblick auf den dynamischen Ablaufprozeß zukommt, entzündet sich zwischen Hicks und Harrod eine Kontroverse, die in mehreren ihrer Veröffentlichungen ausgetragen wird.[57] Harrod gesteht zwar zu, dass in einer umfassenden dynamischen Theorie zweifellos zeitliche Verzögerungen etwa bei der Konsumanpassung oder den Unternehmerentscheidungen berücksichtigt werden müssen. daß ihnen

Vgl. Frisch, R., Propagation Problems and Impulse Problems in Dynamic Economics, in: Economic Essays in Honor of Gustav Cassel, London 1933 insbesondere S. 171 f.. Ders., On the Nation of Equilibrium and Disequilibrium in: Review of Economic Studies. Vol. 3 (1935-1936).

56 Hicks, J.R., Value and Capital, An Inquiry into some Fundamental Principles of Economic Theory, 2. Aufl. Oxford 1946, S 115. In ähnlicher Weise habe sich hierzu geäußert: Tinbergen J., Suggestitions on Quantitative Business Cycle Theory, in: Econometrica, Bd. 3(1935) S. 241 ; Kalecki, M., A Theory of the Business Cycle in: The Review of Economic Studies. Bd. 4 (1937), S. 77 ff. Vgl. dazu auch die Stellungnahme Harrods, in: Harrod, R.F., Dynamische Wirtschaft, a.a.O., S. 18.

57 Siehe insbesondere: Harrod, R.F., Dynamische Wirtschaft, a.a.O., S. 18 ff. Ders., Notes on Trade Cycle Theory, in: The Economic Journal, Bd. 61 (1951), S. 268 ff.. Hicks, J.R., Mr. Harrod's Dynamic Theory, in: Economica, N.S., 16 (1949); wiederabgedruckt in: Hansen, A.H. and Clemence, R.V., Readings in Business Cycles and National Income, London 1953, S. 250. Ders. A Contribution.... a.a.O., S. 7 und S. 10.

jedoch aus methodologischen Gründen in seiner Wachstumskonzeption keine Rechnung getragen wird. Bombach weist darauf hin, daß im Rahmen einer Analyse des Wachstumstrends die Frage der time lags nicht von Bedeutung sein kann.[58] Positives Sparen und Investieren müssen nach Harrods Auffassung als typisch dynamische Elemente verstanden werden. Er hält der Keynes'sehen Methodik eine Inkonsequenz insofern entgegen, als Sparen und Investieren in jener Konzeption zwar eine bedeutende Rolle als fundamentale Bestimmungegrößen spielen, jedoch ihre Wirkungen im Rahmen einer statischen Analyse untersucht werden.[59] Konsequenterweise müsse für die Größen S und I in der statischen Behandlung ein Wert von null angenommen werden. Weiterhin lassen sich auch Erwartungsänderungen, deren Analyse sich Keynes in besonderen Maße zuwendet, nicht schlechthin als dynamisch kennzeichnen, insbesondere dann nicht, wenn die Änderungen als einmalig gelten[60].

Harrod will sein Werk als einen Beitrag zu einer 'dynamischen' Theorie verstanden wissen, wobei er eine begriffliche Abgrenzung gegenüber dem Untersuchungsobjekt der 'Wachstums'-Theorie vornimmt: Die dynamische Theorie befaßt sich schwerpunktmäßig mit den

---

58 Vgl. Bombach, G. Art. Wirtschaftswachstum, in: HdSW (Handbuch der Sozialwissenschaften, Bd. 2 (1965). S. 780 f

59 "No theory regarding the equilibrium amount of saving can be valid, which assumes that within the period in which equilibrium is established, other things, such as the level of income, do not grow but remain constant." Harrod, R.F., Keynes and Traditional Theory, a.a.O., S. 252. Vgl. auch ders., Vers une théorie dynamique, a.a.O., S. 166. Domar bezeichnet die Keynes'sche Analyse als "theoretisches Wunderland, in dem positives Nettosparen mit einem konstanten Kapitalapparat in Verbindung gebracht wird", zitiert nach Domar, E.D., Econometric Growth: An Econometric Approach, in: The American Economic Review, Papers and Proceedings, Bd. 42 (1952), S. 479.

60 Vgl. Harrod, R.F., Dynamische Wirtschaft, a.a.O., S. 20. Siehe auch Schneider, E., Der Streit um Keynes, a.a.O., S. 102, insbes. Fußnote 48.

Änderungsraten gewisser Größen in einer wachsenden Wirtschaft, während die Wachstumstheorie darüber hinaus weitere Bestimmungsfaktoren in die Analyse mit einbezieht, wie z.b. die soziologischen Effekte des ökonomischon Fortschritts, den Beitrag der sozialen Struktur, den allgemeinen und insbesondere technologischen Beitrag der Erziehung, das Bedürfnis nach politischer Sicherheit, den Nutzen größerer oder geringerer staatlicher Intervention in den verschiedenen Phasen, die Entwicklung moralischer Grundsätze u.a.m.[61]

2.23 Die Bedeutung des Ricardianischen Entwicklungskonzepts für die dynamische Theorie Harrods

Richtete sich das Interesse der theoretischen Nationalökonomie während der Nachkriegszeit in zunehmendem Maße auf die Problematik der 'langfristigen' wirtschaftlichen Entwicklung, so sah man sich hier zweifellos keiner neuartigen Fachrichtung gegenüber. Bereits die klassische Theorie hatte nach den Grundlagen des wirtschaftlichen Wachstumsprozesses geforscht und dessen Ablauf innerhalb einer dynamischen Theorie zu erklären versucht. Allerdings war es mehr das statische Gedankengut der Klassiker, mit dem sich die dogmengeschichtliche Forschung in der Folgezeit auseinandersetzte. Inbesondere durch die Einführung das Margínalprinzips und die zunehmende Verfeinerung des mathematischen Instrumentariums wurde die statische Theorie in der Folgezeit weiter verbessert, während es andererseits zu keiner systematischen Weiterentwicklung des dynamischen Konzepts der klassischen Entwicklungstheorie kam. Erst mit dem Aufkommen der modernen Wachstumstheorie wurde dieses Teilstück des klassischen Gedankenguts wieder aufgegriffen. Wenn Harrod sich auf den entwicklungstheoretischen Beitrag Ricardo's

---

61 Vgl. Harrod, R.F., Second Essay, a.a.O., S. 277. Wright weist noch auf einen anderen Unterschied hin, wenn er sagt, daß in einer "dynamischen" Theorie "output rates can change adversely", während der Begriff "Wachstumstheorie" logischerweise die Möglichkeit einer Kontraktion ausschließt.Vgl. Wright, D.M., Mr. Harrod ..., a.a.O., S. 221.

bezieht, so besonders aus dem Grunde, weil dessen Erkenntnisse von ihrem Wesen her am ehesten seinen theoretischen Vorstellungen entsprechen. Er räumt zwar ein, daß sich die von Ricardo gesetzten Prämissen unter Berücksichtigung der gegenwärtigen gesellschaftspolitischen Gegebenheiten als realitätsfern erweisen und im Rahmen einer langfristigen Analyse nur in begrenztem Maße anwendbar sind, so hält er es doch für unbestritten, daß dieser erstmalig "eine vollständige, wenn auch rohe dynamische Theorie" [62] schuf.

Das Hauptproblem der politischen Ökonomie liegt für Ricardo in der Frage, nach welchen Gesetzen sich die Verteilung der Gesamtproduktion unter Grundbesitzern, Kapitaleignern und Arbeitern vollzieht, und welche Faktoren die Entwicklung der Verteilung auf lange Sicht bestimmen.[63] Dieses Problem scheint zunächst der statischen Theorie zurechenbar, allerdings deutet der Hinweis, daß auf den verschiedenen Entwicklungsstufen der Gesellschaft die Aufteilung des Gesamtertrages unter den drei Klassen sich laufend ändern wird, darauf hin, daß es von Ricardo als ein Verteilungsproblem im dynamischen Sinne ausgelegt wurde. Im Folgenden stellt sich die Frage, inwieweit Harrods dynamische Theorie von den entwicklungstheoretischen Vorstellungen Ricardos beeinflußt wurde. Harrod selbst hat hierzu in seiner 'Dynamischen Wirtschaft' ausführlich Stellung genommen.[64]

Bei Ricardo sind im wesentlichen zwei Faktoren für den Ablauf der wirtschaftlichen Entwicklung bestimmend, die Tendenz zum Akkumulieren und die Bevölkerungsgröße. Erstere Determinante steht in enger Beziehung zum Sparbegriff, der allerdings mit dem Investi-

---

62 Harrod, R.F., Dynamische Wirtschaft, a.a.O., S. 27. Vgl. dazu auch
   Letiche, J.M., Adam Smith and David Ricardo on Economic
   Growth, in: Theory of Ecomomic Growth, Glencoe (Ill.) 1960,
   insbes. S. 75 ff.

63 Vgl. Ricardo, D., Grundsätze der Volkswirtschaft und Besteuerung,
   Jena 1905, S. 1.

64 Vgl. Harrod. R.F., Dynamische Wirtschaft, a.a.O., S. 25 ff.

tionsbegriff gleichgesetzt werden kann, denn "das Problem, ob auch alle Ersparnisse Investitionsgelegenheiten finden werden, kennt Ricardo nicht. Für ihn ist Ersparnis gleich Investition"[65]. Nach seiner Auffassung läßt sich eine Steigerung des Nationaleinkommens nur durch private und öffentliche Spartätigkeit erzielen. In der dynamischen Theorie Harrods wird gleichermaßen auf die für das wirtschaftliche Wachstum sich positiv auswirkende Eigenschaft des Sparens hingewiesen[66], wenngleich im Gegensatz zu der unproblemetischen Gleichsetzung von Sparen und Investieren bei Ricardo hier das mögliche Auftreten der bekannten "gaps" als ein für die Instabilität des Wachstumspfades charakteristisches Merkmal hinzutritt.

Auf Ablehnung Harrods stoßen die von Ricardo über das Bevölkerungswachstum gemachten Annahmen. Der klassischen These, nach der die zahlenmäßige Entwicklung der arbeitenden Bevölkerung von der Höhe der Reallöhne abhängt, mag unter bestimmten wirtschaftlichen und sozialen Strukturen, so beispielsweise in unterentwickelten Ländern zwar heute noch eine gewisse Bedeutung zukommen. Allerdings hat diese Annahme in den modernen entwickelten Volkswirtschaften ihre empirische Gültigkeit weitgehend verloren. "Ricardo sieht in der Bevölkerungsgröße ein Problem, das er mit Hilfe der ökonomischen Theorie lösen will, und nicht ein Datum, was sie in Wahrheit für die Theorie ist.[67] Mit dieser kategorischen Feststellung Euckens kann man die Problematik des Bevölkerungswachstums allerdings nicht aus den Wege räumen, zeigen doch einige Beispiele aus der neueren Entwicklung der Wachstumstheorie, daß eine auf Grund ökonomischer Faktoren induzierte Bevölkerungsbewegung als realistische, zumindest jedoch nicht als empirisch

---

65 Martens, C., Das Problem der wirtschaftlichen Entwicklung bei David Ricardo im Vergleich zu Ergebnissen der modernen Wachstumstheorie, Diss. Freiburg 1959, S. 25 ff. Siehe dazu auch Baumol, W.J., Economic Dynamics, New York 1951, S. 13.
66 Vgl. dazu Kap. 5.42.
67 Eucken, W., Die Grundlagen der Nationalökonomie, 5 Aufl., Godesberg 1947, S. 248.

unhaltbare Prämisse innerhalb einer Modellkonzeption angesehen werden kann.[68]

Harrod bezieht die Bevölkerungsgröße entgegengesetzt zur Auffassung des britischen Ökonomen Thomas Robert Malthus als unabhängige Variable in sein Entwicklungsschema ein, wobei er betont, daß diese Annahme in Zusammenhang mit seiner Analyse der wirtschaftlichen Entwicklung westlicher Industrienationen zu sehen ist. Die aus der Sicht der Klassiker für die wirtschaftliche Entwicklung" bedeutende Wirkung des "Gesetzes vom abnehmenden Bodenertragszuwachs" erweist sich für Harrod in ihrer Bedeutung von nur untergeordneter Natur[69]; weil er es für kein charakteristisches Element einer wachsenden Wirtschaft und in seinen Einfluß für unwesentlich hält. Zusammenfassend ergeben sich aus der Gegenüberstellung mit den dynamischen Determinanten der Ricardianischen Entwicklungstheorie für Harrods Wachstumskonzept folgende modelltheoretischen Konsequenzen:

1. Sparen- (und Investieren) nehmen als Determinanten des wirtschaftlichen Wachstums eine ebenso zentrale Stellung wie in der klassischen Variante ein.
2. Die Prämisse einer systemendogenen Bevölkerungsgröße wird aufgegeben. Die Bevölkerungsentwicklung wird durch außerökonomische Faktoren bestimmt.
3. Das klassische Ertragsgesetz findet unter den Modellannahmen keine Berücksichtigung.

---

68 Vgl. Hahn, F.H. and Matthews, R.C.O., The Theory of Economic Growth: A Survey, in: The Economic Journal, Bd. 74 (1964), S. 801 ff. In dieser Arbeit wird auf mehrere Wachstumsmodelle hingewiesen, die die Bevölkerungsentwicklung als induzierte Determinante einbeziehen, so u.a. die Modelle von Solow und Kaldor.

69 Vgl. Harrod, R.F., Dynamische Wirtschaft, a.a.O., S. 51. Die ertragsgesetzlichen Wirkungen werden bei Harrod überwunden durch die Annahme einen stetigen Stroms neutraler technischer Neuerungen.

3. Die Determinanten des wirtschaftlichen Wachstums

3.1 Bestimmungsfaktoren und Entwicklung des gesamtwirtschaftlichen Angebots

3.11 Bevölkerungswachstum und technischer Fortschritt

Nach Harrods Auffassung wird das wirtschaftliche Wachstum im wesentlichen von zwei exogenen Determinanten bestimmt:

1. von der Zuwachsrate der arbeitenden Bevölkerung,
2. von dem technischen Fortschritt, der sich in einer Produktivitätssteigerung der eingesetzten Faktoren äußert.

Darüber hinaus ist der Entwicklungsprozeß von der Menge des verfügbaren Kapitals abhängig, wobei jedoch diese Einflußgröße von Harrod als teilweise systemendogen betrachtet wird. Harrod setzt nun diese drei Wachstumskomponenten zueinander in Beziehung und untersucht im Rahmen einer isolierenden Modellbetrachtung ihren jeweiligen Einfluß auf die wirtschaftliche Entwicklung[70]

In ersten Fall unterstellt er ein geometrisches Bevölkerungswachstum bei gleichbleibendem Stand des technischen Wissens und untersucht die Frage, wie hoch der Kapitalbedarf sein muß, damit sich das Gesamtsystem proportional zur Bevölkerungsvermehrung entwickeln kann. Bei gleichbleibendem Zins nimmt dieser offenbar relativ in demselben Maße zu wie die Bevölkerung. Zur Deckung der Kapitalnachfrage muß ein konstanter Tell des Gesamteinkommens gespart werden, dessen Höhe von dem Wert des Kapitalkoeffizienten bzw. dem Verhältnis des produktiv eingesetzten Kapitals zum Volkseinkommen während einer Periode abhängig ist. Der Wert des nicht konsumptiv verwendeten Einkommensteiles ($Y - C$) : Y ergibt sich aus dem Produkt des Kapitalkoeffizienten ($K : Y$) mit der Zuwachsrate der Bevölkerung ($\Delta B : B$) während dieses Rechnungs-

---

70 Harrod R.F., Dynamische Wirtschaft, a.a.O., S. 33 ff.

zeitraums:

$$(Y - C) : Y = (K : Y) \cdot (\Delta B : B) \qquad (1)$$

wenn also beispielsweise die Realkapitalausstattung das jährliche Gesamteinkommen um das vierfache übersteigt und die Bevölkerungsvermehrung in Höhe von 1 % fortschreitet, so wird eine jährliche Sparrate von 4 % erforderlich, um die Kapitalnachfrage zu befriedigen.

In einem zweiten Teil seiner Modellanalyse wird die wirtschaftliche Entwicklung unter der Annahme einen stetigen Stroms technischer Neuerungen bei Konstanz der Bevölkerungsgröße und gleichbleibenden Zins untersucht. Theoretisch lassen sich drei Arten des technischen Fortschritte unterscheiden und zwar solche mit kapitalsparendem, arbeitsparendem und neutralem Charakter.[71] Um eine Komplizierung der Modellbetrachtung zu vermeiden, unterstellt Harrod in diesem Zusammenhang einen Strom neutraler Erfindungen, "der eine Kapitalwachsumsrate verlangt, die der dadurch bewirkten Einkommenswachstumsrate gleich ist"[72] bzw. "der bei konstantem Zinsfuß den Wert des Kapitalkoeffizienten nicht stört; die Länge des Produktionsprozesses ändert er nicht"[73].

Unter diesen Bedingungen führen Harrods Überlegungen zu einem Resultat, das dem Ergebnis der ersten Modellvariante gleicht: Der Kapitalbedarf einer Volkswirtschaft wird relativ in den Maße zunehmen, wie das Gesamteinkommen - in diesem Fall - in Abhängigkeit vom technischen Fortschritt ansteigt. Dieser Bedarf wird wiederum dann gedeckt sein, wenn die Bevölkerung einen konstanten Einkommensbruchteil spart, der in seiner Höhe von dem Wert des Kapitalkoeffizienten abhängig ist. Das für die Durchführung der

---

71 Harrods Konzept des technischen Fortschritts wird im Hinblick auf den produktionstheoretischen Gehalt des Wachstumsmodells im Kap. 5.4 erörtert.

72 Harrod, R.F., Dynamische Wirtschaft, a.a.O., S. 39

73 Ebenda, S. 35

technischen Neuerungen erforderliche Kapitel ergibt sich demnach aus der Höhe der Einkommenszuwachsate multipliziert mit dem Kapitalkoeffizienten während einer Periode.

In einer dritten Variante bestimmt Harrod die Höhe des Kapitalangebots, die unter der Annahme eines stetigen Wachstums der beiden exogenen Fortschrittsfaktoren erforderlich ist. Seine Uberlegungen führen zu dem Ergebnis, daß auch hierbei die notwendigen Sparbeträge aus der Addition der in den beiden ersten Fällen ermittelten Kapitalbedarfe ergeben. Wird deren Höhe einerseits mit "a", im zweiten Fall mit "b" bezeichnet, so müßte streng genommen auf Grund des zeitlichen Zusammenwirkens der Fortschrittskomponenten auch das Produkt aus beiden Kapitalbedarfen berücksichtigt werden, so daß insgesamt Kapitalmittel in Höhe von a + b + ab erforderlich sind, um eine zur Eínkommenssteigerung proportionale Erhöhung der Kapitalausstattung zu erzielen. Die Größe "ab" kann allerdings vernachlässigt werden, da sie wertmäßig nicht ins Gewicht fällt.[74]

Beide Entwicklungsfaktoren werden in der von Harrod durchgeführten Modellanalyse als exogene Determinanten des wirtschaftlichen Wachstums dargestellt, die sich jeder ökonomischen Einflußnahne entziehen und als von "außen" vorgegeben hingenommen werden müssen. Sie werden als abstrakte Größen ohne jeden Bezug auf reale ökonomische Gegebenheiten in seiner Analyse behandelt. Da Harrod in diesem Zusammenhang über das Wesen und die Wirkungsweise des technischen Fortschritts und der Bevölkerungsgröße keine konkreten Vorstellungen zum Ausdruck bringt, sondern lediglich eine konstante Entwicklung der beiden fundamentalen Bestimmungsgrößen einer "potential rate of growth" in Zeitablauf unterstellt, kommt den in der Untersuchung aufgezeigten Interdependenzen nur im Rahmen eines abstrakten Denkansatzes eine Bedeutung zu; sie sind jedoch nicht geeignet, einen empirischen Sachverhalt aufzuzeigen.

Zur Behandlung des technischen Fortschritts bei Harrod bemerkt

---

74 Vgl. Harrod, R.F., Dynamische Wirtschaft, a.a.O., S. 41

Robinson: " ... in Mr. Harrod's world, technical progress falls like the gentle dew from heaven ..."[75]. Im Hinblick auf die Abgrenzung der Begriffe der technischen Neuerungen macht Higgins in einer kritischen Stellungnahme darauf aufmerksam, daß Harrods Erörterungen nicht zu entnehmen ist, wann er von Erfindungen im technischen Sinne (inventions') und wann von Neuerungen in ökonomischen Sinne ('innovations') spricht.[76]

Das Problem der Bevölkerungsgröße erscheint in seiner Untersuchung unter rein quantitativem Aspekt, indem er die wirtschaftliche Entwicklung von dem rein zahlenmäßigen Wachstum der Bevölkerung als abhängig darstellt, während er andererseits den qualitativen Aspekt, der in dem jeweiligen Ausbildungsgrad der arbeitenden Bevölkerung begründet liegt, unberücksichtigt läßt. Erst in einigen neueren Beiträgen, in denen sich Harrod erneut und in einem breiteren Rahmen mit diesem Problemkreis auseinandersetzt, versucht er die qualitative Komponente der Bevölkerungsgröße in seine Analyse mit einzubeziehen, die im Vergleich zu ihrem rein zahlenmäßigen Wert nicht in erster Linie von außerökonomischen Faktoren bestimmt wird, sondern weitgehend wirtschaftspolitischer Einflußnahme unterliegt. In seinem 'Second Essay' vertritt er die Auffassung, daß "the very essence of growth (per caput) is education by practice and the gradual drawing out of the latent potentialities of personnel".[77] Die Frage des Ausbildungsstandes steht für Harrod in enger Beziehung zum Problem des technischen Fortschritts.[78]

---

75 Robinson, J., Mr. Harrod's..., a.a.O., S. 248
76 Während er in seiner 'Dynamischen Wirtschaft offenbar mehr zu
   einer Interpretation in wirtschaftlichem Sinne tendiert, "Harrod
   unfortunately, failes to make this important distinction" Higgins, B.,
   Towards a Dynamic Economics, a.a.O., S. 177.
77 Harrod, R.F., Second Essay ..., a.a.O., S. 291. Vgl. dazu auch seine
   neuere Veröffentlichung: ders., Towards a New Economic Policy,
   a.a.O., S. 6.
78 "The question of the quality of the population and that of technical
   progress are intimately interlocked." Ders. Inflation..., a.a.O., S. 169.

Diese Interdependenz erklärt Harrod wie folgt: Wird das potentielle Wachstum einer Volkswirtschaft primär von diesen beiden Größen bestimmt, so läßt sich theoretisch eine Steigerung der Produktionseffizienz dadurch erzielen, daß einerseits die Ausbildung des Arbeitskräftepotentials fortlaufend an dem neuesten Stand des technischen Wissens orientiert wird. Die sukzessive praktische Anwendung der jeweils neuesten technischen Erkenntnisse bildet jedoch wiederum die Grundvoraussetzung für einen kontinuierlichen technischen Fortschritt. Werden die technischen Neuerungen dagegen nicht in vollem Umfang genutzt, so tritt eine Verzögerung in dieser stetigen Entwicklung ein, die sich in einer zeitlichen Differenz zwischen dem Stand des technischen Wissens und dem Ausbildungsstatus der Bevölkerung äußert. Da jedoch die Technologie wiederum vom Ausbildungsgrad des Arbeitskräftepotentials abhängig ist, wird der konstante Strom technischer Neuerungen - auf Grund des mangels praktischer Anwendung der laufenden technischen Erkenntnisse unterproportional gestiegenen Ausbildungsniveaus - eine Einbuße in Höhe dieser Differenz erfahren, womit nun pari passu ein Verlust an potentiellem Wirtschaftswachstum eintritt.[79] Theoretisch wird die Technik im Extremfall solange stagnieren, bis der Ausbildungsgrad im Zeitablauf das technische Niveau erreicht hat. In diesem Zusammenhang betont Harrod: "Ground lost cannot be recaptured."[80] Nur ein kumulatives zeitliches Zusammenwirken beider Faktoren ermöglicht ein stetiges und maximales wirtschaftliches

---

Vgl dazu auch ders., Dynamic Theory and Planning, a.a.O., S. 73 f.

79 Harrod weist in diesem Zusammenhang insbesondere auf die seiner Modellanalyse zugrunde liegende Prämisse einer geschlossenen Volkswirtschaft hin, womit der internationale Kapitalfluß und der Austausch technischen "know-how's" ausgeschlossen wird. Siehe Harrod, R.F., Second Essay ..., a.a.O., S. 291, Fn. 1.

80 Ders., Dynamic Theory and Planning, a.a.O., S. 74. Vgl. ders., Inflation ..., a.a.O., S. 169, insbesondere aber ders., Second Essay ..., a.a.O., S 290 f., wo er auf diese Problematik im Zusammenhang mit wachstumstheoretischen Fragen unterentwickelter Volkswirtschaften zu sprechen kommt.

Wachstum, soweit dies von den beiden Größen abhängig ist. Die Kontinuität dieses Entwicklungsprozesses kennzeichnet Harrod mit einem Zitat von William Pitt (Vergil): "Mobilitate viget viresque acquirit eundo".[81] In modelltheoretischer Hinsicht bleiben allerdings Harrods Erkenntnisse ohne Konsequenz: Technischer Fortschritt und Bevölkerungswachstum werden bei ihm weiterhin als exogene Variable betrachtet; ihr modellmäßiger Einbau findet nicht statt.

3.12 Die Theorie des Sparangebots (Supply of Saving)

Wie bereits oben angedeutet wurde, nimmt das Sparen als entwicklungsdeterminierender Faktor innerhalb der dynamischen Theorie Harrods eine zentrale Stellung ein. Von den Vertretern der klassischen Theorie wurde die Bedeutung der Ersparnisse als eine notwendige Voraussetzung für ein entsprechend hohes wirtschaftliches Wachstum erkannt.[82] Während hier die Akkumulation des Kapitals im Hinblick auf die Entwicklung der Wirtschaft positiv bewertet wird, erfährt der Sparbegriff in der Keynes'schen Lehre eine negative Akzentuierung. Das Sparen wird von Keynes in kreislauftheoretischer Hinsicht als Residualgröße betrachtet[83] und als ein den wirtschaftlichen Fortschritt hemmender Faktor eingestuft. Diese negative Beurteilung resultiert aus der Überlegung, daß jeder Überschuß des Einkommens über den Verbrauch ceteris paribus einen Ausfall an effektiver Nachfrage bedeutet und damit nach Maßgabe des Einkommensmultiplikators eine kontraktive Wirkung auf das Gesamteinkommen ausübt. Bei konstantem Kapitalapparat kann dies in seiner vollen Höhe nur reproduziert und damit das Beschäftigungsniveau aufrechterhalten werden, wenn der nicht konsumtiv verwandte Einkommensteil durch freiwillige Investitionen kompensiert wird.

---

81 Ders., Dynamic Theory ..., a.a.O., S. 74.
82 Das Sparen gilt dort als der "Eckpfeiler des wirtschaftlichen Fortschritts", Bombach, G., Zur Theorie des wirtschaftlichen Wachstums in: Weltwirtschaftliches Archiv, Bd. 70 (1953 I), S. 111.
83 "Ersparnis ist in der Tat nur das, was übrig bleibt", Keynes, J.M., Allgemeine Theorie ..., a.a.O., S. 56.

Die Keynes'sche Auffassung über die negative Eigenschaft des Sparens liegt in erster Linie in dem kurzfristigen Charakter seiner Analyse der Einkommens- und Beschäftigungswirkungen begründet.[84] Unter den damaligen Umständen hätte sicherlich eine hohe Spartätigkeit die Situation, die durch eine zu geringe Auslastung der Produktionskräfte gekennzeichnet war, noch verschärft. In der langfristigen Analyse der modernen Wachstumstheorie erfährt das Sparen hingegen eine positive Bewertung. Eine hohe Sparneigung ist u.a. für Harrod eine Grundbedingung für ein entsprechend ausgedehntes Wirtschaftswachstum. Im Hinblick auf die Realisierung eines fortschreitenden wirtschaftlichen Gleichgewichts müssen den Ersparnissen in eben dem Maße freiwillige Investitionen gegenüberstehen, die ihrerseits nicht nur - wie bei Keynes - unter Berücksichtigung der Multiplikatorwirkung zu einer entsprechenden Steigerung des Volkseinkommens führen, sondern gleichermaßen eine Ausweitung der Produktionskapazitäten bewirken. Daß eine hohe Spartätigkeit im Interesse einer langfristig ausgewogenen Expansion des Volkseinkommens und des Kapitalapparates bei einem hohen Beschäftigungsgrad nicht nur als wünschenswert, sondern als notwendig erachtet wird, rechtfertigt die positive Beurteilung des Sparens in der postkeynesianisehen Wachstumstheorie.

3.121 Die Sparfunktion

Den modellmäßigen Einbau der Sparneigung vollzieht Harrod dadurch, daß er für den nicht konsumtiv verwandten Einkommensteil eine bestimmte Verhaltensannahme der Wirtschaftssubjekte zugrundelegt. Er unterstellt, daß stets ein konstanter Einkommensbruchteil gespart wird.[85] Zu dieser Annahme gelangt er nicht auf Grund statistischer

---

84 Vgl. Bombach, G., Zur Theorie..., a.a.O., S. 122; Peters, H., Die unterschiedlichen Auffassungen von der Wirkung des Sparens und die moderne Wachstumstheorie, in: Schriften des Instituts für Spar-, Giro- und Kreditwesen an der Universität Hamburg, Bd. 11, Berlin 1960, S. 41 ff.

85 Diese Prämisse bedeutet eine Abkehr von der in seinem "Trade Cycle" von Keynes übernommenen Annahme einer bei steigendem

Studien[86], vielmehr legt das Ergebnis seiner theoretischen Untersuchungen den Schluß nahe, daß in einer Analyse der Bedingungen des gleichgewichtigen Wirtschaftswachstum die Konstanz der Sparquote, ausgedrückt als Einkommensbruchteil, als der "wahrscheinlichste Wert" angenommen werden kann.[87] Die Realitätsbezogenheit dieser Annahme ist in jüngerer Zeit durch die Ergebnisse einiger empirischer Untersuchungen bestätigt worden.[88]

Unter der Annahme, daß sich das Nettosparangebot einer Periode t als konstante Proportion des Einkommens der Periode t-1 ergibt, gilt die linear-homogene Sparfunktion:

Gesamteinkommen zunehmenden Sparneigung.

86 Seine theoretischen Vorstellungen hinsichtlich des Sparverhaltens der Wirtschaftssubjekte hat Harrod im 2. Teil der 'Dynamischen Wirtschaft', 'Supply of Saving', dargelegt. Vgl. S. 49 ff.

87 Vgl. Harrod, R.F., Dynamische Wirtschaft, a.a.O., S. 98 f. Siehe jedoch auch S. 158, wo er diese Prämisse als Notbehelf bezeichnet. Unter den gegebenen Modellbedingungen würde eine zunehmende Sparneigung ein beschleunigtes Wachstum beinhalten, vgl. dazu, ders., Domar and Dynamic Economics, in: The Economic Journal, Bd. 69 (1959), S. 454 f.

88 Vgl. hierzu insbesondere die empirischen Untersuchungen von Kuznets, die für einen Basiszeitraum von 63 Jahren eine weitgehende Konstanz der durchschnittlichen Sparneigung bestätigen, Kuznets, S., National Product since 1869, National Bureau of Economic Research, New York 1946. Während Domar diese Prämisse im Rahmen einer wachstumstheoretischen Analyse zwar für geeignet hält, so weist er doch auf ihre Problematik in einer Untersuchung des Konjunturzyklus hin, Domar, E.D., Capital Expansion ..., a.a.O., S. 140 f., Anm. 9. Die empirisch ermittelte langfristige Konstanz der Sparquote erklärt Duesenberry mit dem sog. 'demonstation effect', wonach die Konsumenten bei steigendem Einkommen ständig nach einem höheren Lebensstandard streben. Vgl. Duesenberry, J.S., Income, Saving and the Theory of Consumer Behavior, Neuaufl., New York 1967, Kap. III, S. 17 ff.

$$S_t = s \, Y_{t-1} \qquad (2)$$

S_t umfaßt die während einer Periode realisierten Nettoersparnisse bzw. die Differenz zwischen dem Gesamtsparvolumen und dem gesamten Entsparen. Harrod trifft in diesem Zusammenhang keine Unterscheidung zwischen dem Sparen als geplante ('ex ante'-) und tatsächliche ('ex post'-) Größen, da er von der Überlegung ausgeht, daß die Sparintentionen der Wirtschaftssubjekte während eines Abrechnungszeitraumes auch in vollem Umfang realisiert werden. Die Berücksichtigung der ex ante-Ersparnis erscheint nach seiner Auffassung im Rahmen einer Analyse des wirtschaftlichen Wachstums wenig sinnvoll. Unter der Annahme, daß sich innerhalb einer Periode bei konstantem Nominaleinkommen unerwartete Preiserhöhungen ergeben und keine unmittelbare Anpassung der Konsumgewohnheiten stattfindet, wäre beispielsweise eine Situation gegeben, in welcher die 'repräsentativen' Konsumenten feststellen mußten, daß sie "(...)may save less than they would be disposed to do (...)"[89]. Da aber diese Preiserhöhung andererseits ceteris paribus mit einer Vergrößerung der Gewinnmargen verbunden ist, wird infolge höherer Ersparnisse im Unternehmenssektor unter gesamtwirtschaftlichen Aspekt möglicherweise sogar mehr gespart, als wenn die Preiserhöhung nicht stattgefunden hätte.[90]

Von einigen Kritikern[91] Harrods wird hervorgehoben, dass die Beziehung (2) einen time lag enthalte, weil die gegenwärtigen Sparentscheide von der Höhe des Gesamteinkommens der Vorperiode als abhängig angenommen werden. Während Harrod in seiner

89 Harrod, R.F., An Essay ..., a.a.O., S. 207.
90 Derselbe, Notes on Trade Cycle Theory, in: The Economic Journal, Bd. 61(1951), S. 269.
91 Vgl. Alexander, S.S., Mr. Harrod's Dynamic Model, in: The Economic Journal, Bd. 60 (1950), S. 727, Fußnote 1; Baumol, W.J., Notes on Some Dynamic Models, in: The Economic Journal, Bd. 58 (1948), S. 507, vor allem Fußnote 1.

'Dynamischen Wirtschaft' die Frage des 'dating' unberücksichtigt läßt, gesteht er in einer späteren Veröffentlichung zu, daß er keine zeitliche Verzögerung in der seinem Wachstumsmodell zugrundegelegten Sparfunktion in Rechnung stellen will. Er weist jedoch nach, daß sich durch die Einführung einer lag-losen Sparfunktion von der Form

$$S_t = s\ Y_t \qquad\qquad (2a)$$

im Hinblick auf seine Konzeption des fortscheitenden Gleichgewichts nur ein unwesentlicher Unterschied gegenüber der ersten Variante ergibt.[92]

3.122 Das personelle Sparen

Die Nettosparrate S_t setzt sich aus mehreren heterogenen Ersparnisformen zusammen, die hinsichtlich ihrer Motivstruktur und ihres Anteils am Gesamtsparvolumen wesentliche Unterschiede aufweisen. Die Zusammenfassung dieser verschiedenartigen Spar-kategorien in einer Gesamtsparfunktion muß deshalb als problematisch angesehen werden. Da bei einer Disaggregation der Sparrate eine präzisere Aussage darüber gemacht werden kann, wie sich die einzelnen Spargruppen in einer wachsenden Wirtschaft absolut und im Verhältnis zueinander entwickeln, und ob die gesamte Ersparnis langfristig zu einer Übereinstimmung mit der steigenden Kapitalnachfrage hintendiert, unterteilt Harrod das Nettosparvolumen in drei Kategorien, wobei er die Determinanten jeder dieser Ersparnisformen gesondert analysiert.

Als die Hauptkomponenten der volkswirtschaftlichen Kapitalbildung gelten bei Harrod die Ersparnisse der privaten Haushalte und das Unternehmungssparen. Aufgrund der unterschiedlichen Motivation des privaten Sparverhaltens gliedert er darüber hinaus die Ersparnisse des personellen Sektors in das Vorratssparen und das Sparen für die

---

92 Vgl. Harrod, R.F., Notes ..., a.a.O., S. 269. Siehe in diesem
   Zusammenhang auch Bombach, G., Zur Theorie ..., S. 124 f.

Nachkommenschaft. Allerdings ist er sich der Tatsache bewußt, daß diese seiner Theorie des Sparens zugrundeliegende Aufteilung nur rohe Approximationen bieten kann, Jedoch "sie dürfte verläßlich sein, wenn man sie lediglich dazu verwendet, gewisse Tendenzen aufzuzeigen".[93] Da Harrod seine im Rahmen der Theorie des Sparangebots entwickelten Vorstellungen auf Grund der äußerst vagen Ergebnisse nicht als einen integrierenden Bestandteil seiner dynamischen Theorie auffaßt, sollen im folgenden die Grundgedanken seiner Spartheorie zwar in groben Zügen diskutiert, auf mathematische Ableitungen in diesem Zusammenhang jedoch weitgehend verzichtet werden.

Die privaten Ersparnisse zerfallen:

1. "in diejenigen, die erforderlich sind, um seinen eigenen Bedürfnissen während seines Lebens zu dienen" (das sog. 'Vorratssparen' bzw. engl.: 'hump saving'),

2. "in diejenigen, die darüber hinaus bleiben sollen" (das 'Sparen für die Erben' bzw. engl.: 'saving for posterity'). [94]

Das individuelle Vorratssparen dient dem Zweck, das während eines Lebensalters erzielte Einkommen - unter der Annahme, daß sich die künftigen Einnahmen und Ausgaben im voraus berechnen lassen – zeitlich so zu verteilen, daß ein maximaler Gesamtnutzen erzielt wird. Die laufende Einkommensverwendung wird dabei entscheidend beeinflußt durch die Länge des Erwerbslebens und die Dauer des Pensionsalters, darüber hinaus von der Erwartung über die zukünftigen Einkommensverhältnisse und die voraussichtliche Entwicklung der individuellen Bedürfnisse. Alle jene Ersparnisse, die nicht zum Zwecke der Bedürfnisbefriedigung während eines Lebensalters geplant sind, sondern als Überschuß über des ererbte Vermögen an die Nachkommen weitergegeben werden, sind der zweiten Kategorie, dem 'saving for posterity' zuzuordnen.

---

93 Harrod, R.F., Dynamische Wirtschaft, a.a.O., S. 60.
94 ebenda

Von besonderer Wichtigkeit ist für Harrod nun zunächst die Frage, inwieweit sich infolge von Zins-Variationen anteilmäßige Veränderungen der einzelnen Sparkategorien am gesamten Nettosparvolumen ergeben und ob dadurch insgesamt eine Angleichung des Sparangebots an die Kapitalnachfrage erzielt werden kann. Den Ausgangspunkt seiner theoretischen Überlegungen bildet für den Bereich des Vorratssparens eine individuelle Einkommensnutzen-funktion[95], die er auf der Grundlage von Ramsey's Konzeption "Bliss"[96] entwickelte. Von dieser Beziehung ausgehend folgert Harrod im Hinblick auf das individuelle Sparverhalten, daß bei gegebener Zeitpräferenz und einem bestimmten Einkommensnutzen ein fallender Zinssatz das Vorratssparen einschränken wird und umgekehrt. Dieses Ergebnis steht offenbar im Widerspruch zu der Auffassung, daß gerade ein hoher Zinssatz eine Verringerung des Sparens für Vorratszwecke nach sich ziehen kann. Von den Vertretern dieser Version wird argumentiert, daß ein gegebenes Sparziel aufgrund der zu einem bestimmten Zeitpunkt während der laufenden Ersparnisbildung einsetzenden Steigerung des Zinses schließlich durch geringere Sparbeträge erreicht werden kann. Diese Auffassung führt Harrod in erster Linie auf die Vernachlässigung des Zinseszinses zurück, "der Tatsache nämlich, daß bei hohem Zinsertrag mehr angesammelter Zins

---

95 De V. Graaf kritisiert den wenig überzeugenden mathematischen Ansatz der von Harrod konzipierten Gleichung insbesondere im Hinblick auf den geringen empirischen Aussagegehalt der ver-wandten Größen und die mangelnde Realitätsbezogenheit der ihr zugrunde liegenden Annahmen. Ihr stellt De Graaf eine' allgemei-nere' Lösung gegenüber, die nach seiner Auffassung dieser Kritik standhält; vgl. De V. Graaf J., Mr. Harrod on Hump Saving, in; Economica, N.S., Vol. 17 (1950), insbes. S. 88 ff. Higgins hält Harrod entgegen, daß seinen aus dieser Gleichung abgeleiteten Schlußfolgerungen keine mathematisch fundierten Berechnungen zugrunde liegen. Vgl. Higgins, B., Towards a Dynamic Economics, a.a.O., S. 178.

96 Ramsey, F.P., A Mathematical Theay of saving, in: The Economic Journal, Bd. 38 (1928).

zum Weitersparen zur Verfügung steht"[97]. Über die Auswirkung von Zinsänderungen auf das Sparen für die Nachkommenschaft glaubt Harrod, keine genaue Aussage machen zu können. Er untersucht nun weiterhin die Entwicklung der personellen Ersparnisbildung unter dem Einfluß der beiden exogenen Fortschrittsfaktoren. Bei einer konstanten Bevölkerungsgröße und stationärer Technik wird das Vorratssparen unter gesamtwirtschaftlichen Aspekt einen Wert von Null annehmen, da die laufenden Ersparnisse der im Arbeitsprozeß stehenden Bevölkerung sukzessive durch die Entsparprozesse der pensionierten Bevölkerungsteile kompensiert werden. Unter diesen Bedingungen wird das Sparen für die Nachkommenschaft nicht automatisch entfallen, sondern erst nach einigen Generationen einen Wert von Null erreicht haben.

Unter der Annahme eines geometrischen Bevölkerungswachstums bei konstantem technischen Wissen ist mit einer proportionalen Zunahme des Vorratssparens zu rechnen [98], jedoch dürfte in dieser Situation eine überproportionale Steigerung der Ersparnisbildung für die Erben zu erwarten sein. Das aber würde bedeuten, daß in einer nach Maßgabe der Bevölkerungszunahme wachsenden Wirtschaft die Nettosparquote tendenziell die Kapitalnachfrage übersteigt. Folgt man hier der Terminologie Robinsons [99], so kann die Kategorie des Vorratssparens in diesem Falle als ein "Element der Harmonie" im Hinblick auf eine Angleichung zwischen dem Sparangebot und dem Kapitalbedarf bezeichnet werden, während das Sparen für die Nachkommen als ein "Element der Disharmonie" auftritt.

---

97 Harrod, R.F., Dynamische Wirtschaft, a.a.O., S.66.
98 Vgl. Harrod, R.F., Dynamische Wirtschaft, a.a.O., S. 68. Allerdings ist Robinson der Auffassung, daß diese Behauptung nicht uneingeschränkt hingenommen werden kann. Geht man von der Annahme aus, daß mit einer wachsenden Bevölkerungsgröße auch die durchschnittliche Zahl der Familienmitglieder zunehmen wird, so verringert sich dementsprechend die Spanne zwischen dem gegebenen Familieneinkommen und dem notwendigen Lebensaufwand; vgl. Robinson, J., Mr. Harrod's ..., a.a.O., S. 258.
99 Vgl. Robinson, J., ebenda.

Wird nun unterstellt, daß infolge der Einwirkung des technischen Fortschritts die Produktionserträge und die Einkünfte pro Kopf zunehmen, so wird sich das Vorratssparen deshalb als disharmonisierender Faktor auswirken, da die gesamten Ersparnisse dieser Kategorie auf Grund einer mit der Steigerung des Pro Kopf-Einkommens zunehmenden Zeitpräferenz stärker als das Gesamteinkommen anwachsen.[100] Unter dieser Voraussetzung hält Harrod die Entwicklung des Sparens für die Nachkommenschaft für völlig ungewiß.

3.123 Die Bedeutung des Unternehmungssparens

Es wäre Harrod zufolge unrichtig, wolle man das Korporativ- bzw. Unternehmungssparen zu den beiden Kategorien des personellen Sparens hinzuaddieren, um das gesamte Nettosparvolumen zu ermitteln. Vielmehr handelt es sich hierbei um eine Form des Sparens, deren Motivation sich nicht wie bei den im vorigen Kapitel erörterten Sparkategorien auf individuell-personellen Momente gründet, sondern in erster Linie in dem Streben der Unternehmer nach betrieblicher Expansion auf möglichst breiter Eigenkapitalbasis wurzelt.[101]

Einen bestimmten Anteil der korporativen Ersparnisse ordnet Harrod den beiden ersten Formen des privaten Sparens zu, und zwar in der Höhe, in welcher die Aktienbesitzer die ihnen aus der Unternehmenssphäre zufließenden Kapitalmittel sparen, wobei er unterstellt,

---

100 Es lassen sich allerdings nach Harrods Auffassung keine hinreichenden Anhaltspunkte dafür finden, welchen Wert in diesem Falle die Elastizität des Einkommensnutzens annimmt; vgl. Harrod, R.E., Dynamische Wirtschaft, a.a.O., S. 70. Hamberg glaubt jedoch, daß die Bedenken Harrods hinsichtlich einer überproportionalen Entwicklung des Vorratssparens aufgrund der von S. Kuznets durchgeführten empirischen Untersuchung gegenstandslos sind, Vgl. Hamberg, D., Income Growth in Secular Stagnation and Inflation, in: The Economic Journal, Bd. 63 (1953), S. 614, Anm. 3.

101 Vgl. Harrod, R.F., Dynamische Wirtschaft, a.a.O., S. 63 ff.

daß die Ersparnisse des Vorratssektors "sei es aus Trägheit, sei es aus geschäftlichem Ehrgeiz"[102] von jenen nicht in entsprechendem Maße eingeschränkt werden. Er bezeichnet diese Art des Sparens, die bei der Berechnung der gesamtwirtschaftlichen Sparquote zweifellos berücksichtigt werden muß, als "surplus corporate saving" bzw. überschüssiges Korporativsparen [103].

Für Harrod stellt sich hier wiederum die Frage, welchen Einfluß mögliche Zinsänderungen auf die Ersparnisse des Korporativ-Sektors nehmen können. Geht man von der Annahme aus, daß ein sinkender Zinsfuß die Unternehmer in gewissem Maße[104] dazu anregt, weitere Produktionsumwege einzuschlagen, so wird ein dadurch erhöhter Kapitalbedarf einen Strom zusätzlichen Korporativsparens induzieren und die Tendenz zur Selbstfinanzierung verstärken. Während ein fallender Zins vermutlich das Vorratssparen einschränkt, werden beide Formen des Korporativsparens eine Ausdehnung erfahren und als langfristig bedeutende Wachstumsfaktoren angesehen werden können. Im Falle einer geometrischen Bevölkerungsexpansion und konstanter Technik wird eine entsprechende Vermehrung der Bedürfnisse stattfinden und folglich bei konstantem Zins eine proportionale Zunahme der Korporativersparnisse hervorrufen. Ebenso wie das Vorratssparen bildet hier das Korporativsparen ein Element der Harmonie zwischen gesamtwirtschaftlicher Ersparnis und dem Kapitalbedarf, "because favourable prospects for investment in the future are likely to promote

---

102 Ebenda, S.64

103 Vgl. ebenda. Die Ausführungen Harrods lassen in diesem Zusammenhang die notwendige Klarheit vermissen - ein Umstand, der teilweise in der deutschen Ausgabe auf die verschiedentlich recht unglücklichen Formulierungen zurückzuführen ist -, so daß an dieser Stelle eine exakte Abgrenzung beider Formen des Korporativsparens nicht vorgenommen werden kann.

104 Harrod äußert sich in diesem Zusammenhang jedoch skeptisch über die Zinsempfindlichkeit (unternehmerischer) Investitionsvorhaben (vgl. dazu auch Kap. 5.421).

the building up of company reserves".[105] Eine zuverlässige Aussage über die Entwicklung der Unternehmungsersparnisse bei steigendem Pro Kopf-Einkommen läßt sich nach Harrod nicht machen.

Aus den Erörterungen im Rahmen seiner Theorie des Sparangebots glaubt Harrod schließlich das Ergebnis ableiten zu können, daß das Gesamtsparangebot als Summe der Ersparnisse aller drei Kategorien bei gegebenem Zinssatz im Zeitablauf als konstanter Einkommensbruchteil betrachtet werden kann. Allerdings kann mit Recht bezweifelt werden, daß es sich hierbei um ein wissenschaftlich fundiertes Ergebnis handelt, da sich seine Überlegungen weitgehend auf Vermutungen stützen und keinerlei empirische Untersuchungen zu Rate gezogen werden. Harrod gesteht zwar selbst zu, daß seine Ausführungen zu keinem überzeugenden Resultat geführt haben[106], und deshalb diese Lösung im Rahmen seines Wachstumsmodells nur als ein "ad-hoc gewählter Notbedarf" gelten muß. Darüber hinaus müssen jedoch auch im Hinblick auf die Realisierung der Zielsetzung seiner Analyse, lediglich gewisse Tendenzen in der Entwicklung des Sparangebots in einer fortschreitenden Wirtschaft aufzuzeigen, starke Vorbehalte geltend gemacht werden, da wesentliche Einflußfaktoren der Ersparnisbildung in seiner Analyse unberücksichtigt bleiben. Beispielsweise kritisiert Robinson an Harrods Untersuchung, daß er zwar die psychologischen Komponenten des Sparens zu erfassen suche, jedoch hierbei die Einkommensverteilung als eine wesentliche Bestimmungsgröße der Ersparnisbildung eines Gemeinwesens nicht in Rechnung stelle.[107] Zudem kann der Untersuchung von Harrod nur eine

---

105 Robinson, J., Mr. Harrod's ..., a.a.O., S. 238.

106 Vgl. Harrod, R.F., Dynamische Wirtschaft, a.a.O., S. 73.

107 Vgl. Robinson, J., Mr. Harrod's ..., a.a.O., S.258; Robinson geht in dem von ihr entwickelten Wachstumsmodell von der Annahme aus, daß "the ratio of saving to income is a function of its distribution between these classes and of the propensity to save of each", dieselbe, Essays in the Theory of Economic Growth, London, New York 1962, S. 12. Sie unterscheidet zwischen dem Sparen der Lohn-

begrenzte Aussagefähigkeit insofern zugesprochen werden, da die personelle und unternehmerische Spartätigkeit heute in den modernen Industriestaaten durch eine Vielzahl von Maßnahmen im Rahmen des zur Verfügung stehenden geld- und finanzpolitischen Instrumentariums gesteuert wird und somit die Höhe der Sparquoten der einzelnen Kategorien nicht unbedingt die freie individuelle Entscheidung zur jeweiligen Ersparnisbildung widerspiegelt.

In einer späteren Veröffentlichung[108] hat Harrod erneut zur Frage nach der Bedeutung des Unternehmungssparens für das gesamte Sparangebot einer Volkswirtschaft Stellung genommen. Auf Grund von statistischen Untersuchungen über die anteilmäßige Aufspaltung der gesamtwirtschaftlichen Sparrate unter die einzelnen Kategorien gelangt Harrod zu der Überzeugung, daß die Ersparnisse des Unternehmenssektors einen bedeutenden Anteil des Gesamtsparangebots darstellen.[109] In dieser Auffassung wurde er wohl nicht zuletzt durch die insbesondere in der Nachkriegszeit zu beobachtende Entwicklung zu einer zunehmenden Eigenfinanzierung aus unverteilten Gewinnen bestärkt. Als problematisch erweist sich nach seiner Auffassung die Eingliederung der korporativen Ersparnisse in das Konzept einer langfristig konstanten Sparrate deshalb, weil diese Sparkategorie neben langfristigen Motiven der Unternehmenspolitik auch durch kurzfristige Einflüsse, wie sie sich aus temporären Diskrepanzen zwischen Nettoersparnis und Nettoinvestition ergeben, bestimmt wird. Die in einer inflationären Tendenz auftretenden Zufallsgewinne (die Gewinne,

---

und Gewinnempfänger, wobei die Sparneigung der Gewinnempfänger tendenziell jene der Lohnbezieher übersteigt. Vgl. dazu auch Kaldor, N., A Model of Economic Growth, in: The Economic Journal, Bd. 67 (1957), S. 611; wiederabgedruckt in: derselbe, Essays on Economic Stability and Growth, London 1960. Zur Kaldor-Robinson'schen Argumentation im Rahmen der Stabilitätsdiskussion vgl. Kap. 5.42.

108 Harrod, R.F., Themes in Dynamic Theory, in: Economic Journal, Bd. '73 (1963), S. 401 ff.

109 "Companies save importantly", ders., Second Essay..., S. 286

die die Trendgröße des "normal profit" bzw. der "geplanten Gewinne" übersteigen) können zu einem "super normal business saving" anregen[110] und so zu einem Störfaktor des fortschreitenden Gleichgewichts werden. Diese in Abhängigkeit von der konjunkturellen Situation auftretenden, aus dem "supernormal profit" gespeisten Ersparnisse betrachtet Harrod als Residualgröße.

3.13 Das Sparangebot als endogene Bestimmungsgröße des wirtschaftlichen Fortschritts

In den neueren wachstumstheoretischen Beiträgen Harrods zeichnet sich hinsichtlich seiner Vorstellungen über die Bedeutung des Sparens in einer Theorie des dynamischen Gleichgewichts ein grundlegender Wandel ab. Wie Harrod mit Recht unterstreicht, ergibt sich für eine ernstzunehmende Theorie die Notwendigkeit, ihre Prämissen weitgehend an den Gegebenheiten in der Realität zu orientieren. Er hält es daher für unerläßlich, die im Rahmen seines Konzepts erarbeiteten theoretischen Grundlagen und Begriffe einer laufenden Überprüfung im Hinblick auf ihre Wirklichkeitsnähe und ökonomische Relevanz zu unterziehen. Die Frage, ob die in seiner Theorie zugrunde gelegten Annahmen leistungsfähig sind, ist von der Erfüllung zweier wesentlicher Eigenschaften einer Prämisse abhängig; sie muß sein: "realistic in relation to what is quantitatively important in determing the system , and should not direct its spotlight on to some cause that has trivial influence only". [111]

In diesem Zusammenhang stellt Harrod die nach seiner Auffassung noch ungelöste Frage zur Diskussion, ob die Sparneigung im Rahmen

---

110 Anhand von Statistiken über die prozentualen Anteile der einzelnen Sparkategorien ("Normal business saving", "personal saving", "governmental saving") errechnet Harrod für einen Basiszeitraum von 16 Jahren, daß die Selbstfinanzierungsquote der Bruttoinvestitionen in England bei einem Durchschnitt von 59 % liegt. Vgl. ders., Themes ..., a.a.O., S. 413 ff.

111 Harrod, R.F., Are Monetary and Fiscal Policies enough? in: The Economic Journal, Bd, 74 (1964), S. 905

einer Theorie des dynamischen Gleichgewichts als endogene oder entsprechend der Keynes'schen Vorstellung als exogene Größe betrachtet werden müsse.[112] Es bestehen berechtigte Zweifel gegenüber der Annahme, daß die private Sparneigung gegenwärtig noch als repräsentativ dafür angesehen werden kann, welche zeitliche Verteilung der Konsumausgaben auf das Lebensalter von der Gesamtheit der privaten Sparer angestrebt wird. Aufgrund einer wachsenden staatlichen Aktivität und einer tendenziellen Vergrößerung seines Anteils am Nationaleinkommen kann heute vielmehr in entwickelten Industrienationen davon ausgegangen werden, daß "the propensity to save may be largely influenced by institutional arrangements"[113]. So wird beispielsweise durch staatliche Renten- bzw. Pensionszahlungen das individuelle Sparen für den Ruhestand in erheblichem Maße eingeschränkt oder etwa durch die Gewährung von Ausbildungsbeihilfen die Spartätigkeit für die Erziehung der Nachkommen entsprechend reduziert.

Das Unternehmungssparen, sofern es in Form von ausgeschütteten Gewinnen den Aktienbesitzern zufließt (oben als "surplus corporate saving" bezeichnet), muß gleichsam als Zufallskomponente des privaten Sparens angesehen werden, da sich die Dividendenpolitik der Gesellschaften auf andersartigen Motiven gründet als die personelle Einkommensverwendungspolitik, die - wie erwähnt - in der Regel an dem Grundsatz einer optimalen zeitlichen Verteilung der Konsumausgaben orientiert ist.

Auf Grund dieser Überlegungen muß ein dynamisches System, in dem die private Sparneigung den Grad des wirtschaftlichen Wachstums bestimmt, unter den heutigen wirtschaftspolitischen Gegebenheiten als wirklichkeitsfremd gelten. Vielmehr ist heute davon auszugehen, daß entwickelte Volkswirtschaften über die entsprechenden finanzpolitischen Mittel verfügen, um die freiwilligen Ersparnisse des

---

112 Vgl. ders., Inflation in Dynamic Theory, a.a.O., S. 169 f.
113 Harrod, R.F., Inflation ..., a.a.O., S. 169; vgl. auch: ders., Are Monetary ..., a.a.O., S. 906.

privaten Sektors in ihrer Höhe im Rahmen der wirtschaftspolitischen Zielsetzungen nachhaltig zu beeinflussen. Während die hierfür notwendigen Maßnahmen einerseits darauf gerichtet sind, kurzfristig das private Sparen nicht zu einem Störfaktor des fortschreitenden wirtschaftlichen Gleichgewichts werden zu lassen, so hat sich im Zuge der in Ost und West gleichermaßen geführten Anstrengungen nach möglichst hohen Wachstumsraten immer mehr die Erkenntnis durchgesetzt, daß eine wesentliche Vorbedingung für einen maximalen wirtschaftlichen Fortschritt darin besteht, durch geeignete Maßnehmen die private Spartätigkeit im Hinblick auf ein optimales, für die Realisierung einer größtmöglichen Expansion erforderliches Kapitalangebot zu steuern.

Den Wandel in der Auffassung über die Bedeutung der Sparneigung für seine wachstumstheoretischen Konzeption erklärt Harrod dementsprechend: "The fading out of the idea that the private saving ratio should be the grand determinant of progress is instanced in the growing recognition of the need for a 'fiscal policy'"[114]. Für die wirtschaftliche Expansion moderner Industrienationen ergibt sich die Notwendigkeit von Maßnahmen im Rahmen der 'fiscal policy' mit dem Ziel, "these private savings in one way or another"[115] zu kompensieren, insbesondere aber macht die in unterentwickelten Ländern vorherrschende permanente Sparlücke eine Politik erforderlich, deren Mittel darauf abgestimmt sein müssen, ein dem Bevölkerungs-wachstum und dem technischen Fortschritt entsprechendes Kapitalan-gebot ohne Inanspruchnahme fremder Kapitalmittel zu schaffen.

---

114 Harrod, R.F., Are Monetary ..., a.a.O., S. 906; über die daraus resultierende Akzentverlagerung innerhalb seines Wachstums-modells. Vgl. Kap. 4.31.
115 Ders., ebenda. Bereits Hansen hat mit Nachdruck darauf aufmerksam gemacht, daß die 'Fiscal Policy' als kompensatorische Maßnahme im Dienste einer auf Wachstum und Stabilität ausgerichteten Wirtschaftspolitik nicht nur ein 'one way program' darstellen kann, vgl. Hansen, A.,H., Economic Policy and Full Employment, New York und London, 1947, S. 11.

3.2. Die Determinanten und Entwicklungsfaktoren der gesamtwirtschaftlichen Nachfrage

3.21 Die Bedeutung der Investitionen für den wirtschaftlichen Wachstumsprozeß

In den verschiedenen Theorien der wirtschaftlichen Entwicklung wird der Investitionskomplex unter recht unterschiedlichen Gesichtspunkten betrachtet und dementsprechend im Hinblick auf seine Bedeutung für den gesamtwirtschaftlichen Ablaufprozeß verschiedenartig beurteilt.

In der klassischen Lehre ist die theoretische Behandlung des volkswirtschaftlichen Kapitalbildungsproblems überwiegend güterwirtschaftlich ausgerichtet. Die Ersparnis, die einen Verzicht auf gegenwärtigen Konsum darstellt und in ihrer Höhe auch zur Investition gelangt, bildet hier die Voraussetzung für eine spätere Steigerung der Kapitalgüterproduktion. Der monetäre Aspekt tritt dabei jedoch in den Hintergrund, da hier das Geld lediglich die Rolle einer formalen Recheneinheit übernimmt und eine neutrale dienende Funktion innerhalb des Wirtschaftsablaufs ausübt.

Keynes sieht u.a. einen wesentlichen Anlaß zur Kritik in der Überbetonung des güterwirtschaftlichen Aspekte durch die klassische Lehre, die andererseits die mit dem Investitionsvorgang verbundenen Änderungen in der Höhe des Einkommens vernachlässigt. Während Keynes diesen Mangel zwar beseitigt und das Einkommen als variable Größe in sein System einbezieht, legt er hier jedoch, indem er die Konstanz der Produktionskapazitäten unterstellt, wiederum einseitig den Akzent auf die einkommenssteigernde Wirkung der Investitionen.

Angesichts dieser gegensätzlichen Auffassungen sah sich die postkeynesianische Entwicklungstheorie vor die Aufgabe gestellt, das Investitionsproblem in seiner Bedeutung für das wirtschaftliche Wachstum von Neuem zu beleuchten. Die Tatsache, daß die moderne Wachstumstheorie in ihren Anfängen stark investitionstheoretische Züge trägt, deutet darauf hin, daß die Investition von ihren Vertretern als ein wesentliches Element innerhalb des wirtschaftlichen Expansionsprozesses aufgefaßt wurde. Harrod und Domar versuchen den güterwirtschaftlichen und monetären Aspekt der Investitionswirkungen miteinander zu verknüpfen und damit zu einer Synthese der beiden extremen Varianten zu finden.[116] Insbesondere Domar unterstreicht ihren dualistischen Charakter, wenn er darauf aufmerksam macht, daß eine Nettoinvestition "has a dual effect: it increases productive capacity and it generates income".[117] Die Problematik des Gleichgewichts einer wachsenden Wirtschaft kann nur unter gleichmäßiger Berücksichtigung beider Effekte befriedigend gelöst werden. Bei Harrod hingegen läßt sich explizite kein derartiger Hinweis finden.[118] Daß diese Vorstellung jedoch auch seiner Konzeption zugrundeliegt, geht aus der Art der Behandlung des Gleichgewichtsproblems hervor: Einkommenserhöhungen induzieren nach Maßgabe der 'Relation' Nettoinvestitionen, die einerseits den Realkapitalbestand und damit die Produktionskapazität und andererseits das Volkseinkommen, das die notwendige Nachfrage nach Konsum- und Kapitalgütern schafft, ansteigen lassen.

Wenn die doppelte Investitionswirkung zwar von beiden Autoren in Rechnung gestellt wird, so beurteilen sie dennoch den Zusammenhang zwischen Investition und Wirtschaftswachstum aus verschiedenen Blickrichtungen. Während Domar in seiner Modellanalyse die Wirkungen der Nettoinvestitionen auf die Höhe des Volkseinkommens und der Produktionskapazität untersucht, bezieht sich Herrod nicht ausdrücklich auf den Produktivitätszuwachs, sondern - indem er

---

116 Vgl. hierzu u.a. Lutz, F.A., Die Bedeutung der Investition für das Wachstum der Wirtschaft, Nr. 21 der Sonderschriften des Ifo-Instituts für Wirtschaftsforschung, Berlin 1957, S. 5 ff.

117 Domar, E.D., Expansion ..., a.a.O., S. 39.

118 Die Gleichgewichtsbedingung zwischen dem Einkommens- und Kapazitätswachstum ($\Delta Y = \Delta P$) ist jedoch in seiner Definition der 'tatsächlichen' Wachstumsrate impliziert: "Let G stand for the geometric rate of growth of incomes or output", Harrod, R.F., An Essay..., S. 203.

denselben Tatbestand vom entgegengesetzten Standpunkt aus betrachtet - fragt danach, wieviele Einheiten an zusätzlicher Kapitalausstattung bei normalem Auslastungsgrad erforderlich sind, um eine zusätzliche Einheit an Output hervorzubringen.[119]

3.22 Der Akzeleratorkoeffizient als dynamische Beziehung

3.221 Harrods 'Relation'

Die investitionstheoretischen Grundlagen seines Wachstumsmodells hat Harrod nicht erst im Zuge der Entwicklung seines dynamischen Konzepts geschaffen, in ihren Ansätzen wurden sie von ihm bereits im Rahmen seiner Theorie des Konjunkturzyklus [120] entwickelt. Den Ausgangspunkt seiner Überlegungen bildet hier eine von A. Aftalion [121] entdeckte und insbesondere von J.M. Clark[122] auf Grund von empirischen Untersuchungen bestätigte Gesetzmäßigkeit, nach der die Produktion von Kapitalgütern in einer Aufschwungphase die Herstellung von Konsumgütern übersteigt, und umgekehrt. Auf dieser Erkenntnis gründet sich das schließlich von Clark formulierte "Akzelerationsprinzip"[123], das in seiner allgemeinen Fassung besagt, daß eine Änderung in der Nachfrage nach Konsumgütern und Dienstleistungen jeweils größere Veränderungen der Nachfrage in der Kapitalgütersphäre auslöst. Während diese Kausalbeziehung in Rahmen der Überinvestitionstheorien lediglich zur Erklärung der den Zyklus beschleunigenden Ursache diente, wird nun von den Postkeynesienischen Wachstumstheoretikern der Versuch unternommen, die Wirkung des Akzelerationsprinzips - allerdings gegenüber

---

119 Harrod, R.F., Domar ..., a.a.O., S. 452.
120 Harrod, R.F., The Trade Cycle, a.a.O., insb. S. 53 ff.
121 Aftalion, A., Les crises périodiques de surproduction, Paris 1913.
122 Clark, J.M., Strategic Factors in Business Cycles, New York 1934.
123 Erstmalig wurde die Bezeichnung von Clark verwandt in: ders., Business Acceleration and the Law of Demand, in: The Journal of Political Economy, Bd. 25 (1917), S. 217 ff. Wiederabgedruckt in: Readings in Business Cycle Theory, Homewood (Ill.) 1951.

seiner ursprünglichen Fassung in stark modifizierter Form - als Hauptantriebskraft des Konjunkturablaufs darzustellen.[124] Die Bedeutung dieses Prinzips für sein konjunkturtheoretisches Konzept sieht Harrod zunächst in dem rein formalen Zusammenhang zwischen den beiden relevanten Größen, den er als 'Relation' bezeichnet: "It is well to mention a simple arithmetical relation, existing between the demand for concurrently consumable goods and the demand for capital goods".[125] Harrod hebt hervor, daß diese 'Relation' in der zeitgenössischen Literatur zwar Beachtung gefunden hat, bedauert jedoch, daß sie als wesentliches Element zur Erklärung von zyklischen Verläufen nicht genügend berücksichtigt worden ist. In der Keynes'schen Lehre gibt es keinen derartigen Zusammenhang zwischen Konsum- und Kapitalgüternachfrage, so "daß sie letzten Endes den Konjunkturzyklus selbst unerklärt gelassen hat".[126] Harrod beseitigt diesen Mangel, indem er den Keynes'schen Formelapparat durch den Einbau der 'Relation' erweitert und in der Verknüpfung dieses Prinzips mit dem Multiplikatormechanismus eine in sich geschlossene Konjunkturtheorie entwickelt. Allerdings weist er nachdrücklich darauf hin, dass sich seine Analyse nicht auf die Erforschung konjunktureller Schwankungen schlechthin beziehe, sondern daß er hierbei die zyklischen Bewegungen als Fluktuationen um einen Wachstumstrend auffasse.[127]
Wenn Harrod in einer ersten Annäherung die 'Relation' als ein

---

124 Vgl. dazu Hicks, J.R., A Contribution ..., a.a.O., S. 37: "The main cause of fluctuations is to be found in the effect of changes in output (or income) on investment."

125 Harrod, R.F., The Trade Cycle, a.a.O., S. 53.

126 Rose, K., Die Bedeutung des Akzelerationsprinzips ..., a.a.O., S. 322; vgl. hierzu auch Hicks, J.R.,A Contribution ..., a.a.O., S. 1: "Keynesian economics, in spite of all that it has done for our understanding of business fluctuations, has beyond all doubt left at least one major thing quite unexplained; and that thing is nothing less than the business cycle itself."

127 Vgl. Harrod, R.F., ebenda, S. 89: "For the purpose of this analysis we shall take as our starting-point a condition in which a steady advance is in progress."

arithmetisches Verhältnis zweier numerisch bestimmbarer Größen bezeichnet, so ergeben sich bereits an dieser Stelle Probleme, die die klare Abgrenzung beider Güterkategorien betreffen. Während die Kategorie der Konsumgüter eindeutig umrissen werden kann, gestaltet sich die Abgrenzung des Begriffs 'Kapitalgüter' insofern problematisch, da einmal die Bezugsbasis in Netto- oder Bruttogrößen ausgedrückt werden kann, und zum anderen, weil sich die Kapitalgüterkategorie aus äußerst heterogenen Güterklassen zusammensetzt. Der Wert der 'Relation' hängt somit entscheidend von der Definition des Kapitalgüterbegriffs ab. Harrod verwendet in seiner Analyse eine weitgefaßte Interpretation, in der sämtliche Formen der Kapitalgüterproduktion eingeschlossen sind.[128] Er betrachtet allerdings in diesem Zusammenhang nur den realen Kapítalgüterzuwachs bzw. die Nettoinvestitionsgüter, während er annimmt, daß bei konstanter Produktionstechnik ein stets gleichbleibender Teil des Investitionsgütervolumens dem Ersatz des bestehenden Kapitalapparates dient.

Als gesamtwirtschaftlicher marginaler Koeffizient bringt die 'Relation' den Tatbestand zum Ausdruck, daß das Nettoinvestitionsvolumen einer Zeitperiode, d.h. die insgesamt investierten Kapitalgüter abzüglich der Reinvestitionen, in einer ganz bestimmten Höhe von der Wachstumsrate der Konsumgüternachfrage abhängig ist. Sie wird von Harrod als eine Reaktionsbeziehung derart interpretiert, daß der Durchschnitt aller Unternehmer auf eine Änderungsrate des Konsums seine Nettoinvestitionstätigkeit in einem bestimmten Umfang ausdehnt oder einschränkt. Er räumt jedoch ein, daß die 'Relation' unter einzelwirtschaftlichem Aspekt in den verschiedenen Produktionssektoren und Unternehmen durchaus vom gesamtwirtschaftlichen Durchschnittswert abweichen kann. Die Frage, welcher Aussagewert derartigen Aggregatgrößen beigemessen werden kann, ist jedoch in diesem Zusammenhang nicht zu erörtern.[129] Bezeichnet man den Konsum mit

---

128 Daneben wäre auch eine Relation "im engeren Sinne" denkbar, die auf Kapitalgüter ausschließlich in Form von Produktionsanlagen bezogen ist, vgl. Harrod, R.F., The Trade Cycle, a.a.O., S. 54.

129 Zur Frage des Aggregationsproblems siehe u.a.: Burns, A.F., Hicks

C, die Nettoinvestition mit I, so läßt sich unter Einbeziehung eines Prcportionalitätsfaktors β[130] - der 'Relation' - die Akzeleratorbeziehung herstellen:

$$I t = \beta (C t - C t\text{-}1) = \beta \cdot \Delta Ct \qquad (3)$$

oder:

$$\beta = I t : (C t - C t\text{-}1) = I t : \Delta C t \qquad (3a)$$

Die Bedeutung der 'Relation' bleibt nun für Harrod nicht auf den konjunktur-theoretischen Rahmen beschränkt. In seinem 'Essay' wertet er den Akzelerator als "leading dynamic determinant."[131] Er wird hier,

---

and the Real Cycle, in: The Journal of Political Economy, Vol. 60 (1962), insbes. S. 10 ff.; Rose, K., Die Bedeutung des Akzelerationsprinzips...a.a.O., S. 358 ff., Rose bemerkt dazu u.a. (S. 359): "Ohne eine Aufspaltung der Gesamtgröße 'Relation' nach einzelnen Sektoren ... ergibt die dargelegte Kombination der Gesamtzahlen eine zwar sehr elegante, aber in höchsten Grade vereinfachte Konstruktion." Kraus, W., Multiplikator, Akzelerator, Wachstumsraten und Konjunkturzyklus in: Weltwirtschaftliches Archiv, Bd. 73 (1954 II), S. 73 f.

130 In der Fachliteratur hat sich für β allgemein die Bezeichnung 'Akzeleratorkoeffizient' durchgesetzt, wobei Harrods Relation allerdings nicht unbedingt mit diesem identifiziert werden kann. Harrod wendet sich aus terminologischen Gründen gegen eine Gleichsetzung der 'Relation' mit dem Akzelerationskeoffizienten: "A steady rate of increase of demand which is our first matter for consideration in dynamic theory, and a major effect of which is expressed by the 'Relation', should be regarded as a velocity. Acceleration would be a rate of change in this." Harrod, R. F., An Essay ..., a.a.O., S. 201, Anm. 1. Allerdings übernimmt er in seinem Essay die geläufige Bezeichnung 'Acceleration Principle'.

131 Ders., An Essay..., a.a.O., S. 213. Das Akzelerationsprinzip ist des-halb im wesentlichen ein dynamisches Prinzip, "da es die Größe der Nachfrage nach neuem Kapital als eine Funktion der Wachstums der Wirtschaft betrachtet", ders., Dynamische Wirtschaft, a.a.O., S. 22

allerdings in modifizierter Form, als Investitionsfunktion in seine dynamische Modellkonzeption aufgenommen, mit der er gleichermaßen kurzfristige wie langfristige Entwicklungstendenzen zu erklären versucht. Das Akzelerationsprinzip beruht in diesem Zusammenhang jedoch nicht, wie in seiner 'reinen' Form, auf der funktionalen Abhängigkeit der Nettoinvestitionstätigkeit von Veränderungen der Konsumgüternachfrage sondern des Volkseinkommens bzw. der Gesamtproduktion. Die Nettoinvestitionen werden somit nicht als konsum-, sondern als einkommensinduziert betrachtet. Vor allem hat Hicks nachzuweisen versucht, daß das Akzelerationsprinzip auch in der modifizierten Form seine Gültigkeit hat[132], wobei er von der Überlegung ausgeht, daß die Herstellung von Kapitalgütern ebenso wie die Konsumgüterproduktion Nettoinvestitionen bedarf. Entsprechend kann formuliert werden:

$$\text{It} = \beta \cdot (\text{Y t} - \text{Y t-1}) = \beta \cdot \Delta \text{Y t} \qquad (4)$$

Dieser zwischen Nettoinvestition und Einkommenszuwachs bestehende Kausalzusammenhang ist in der neueren nationalökonomischen Literatur insbesondere im Hinblick auf seine Bedeutung innerhalb dynamischer Gleichgewichtsmodelle unterschiedlich interpretiert worden. Während Harrod in seiner Konzeption die unternehmerische Reaktion auf die Erhöhung des Volkseinkommens als das entscheidende Kriterium der 'Relation' betrachtet, wird in einer anderen Interpretation der technisch bedingte Zusammenhang zwischen den beiden Veränderlichen des Koeffizienten hervorgehoben. Diese unterschiedlichen Auffassungen führen zu einer verschiedenartigen Gewichtung des Akzelerationskoeffizienten innerhalb der Wachstumsmodelle: Harrod verwendet ihn als Investitionsfunktion,

---

132 "I have posed the problem in terms of the effect on investment of changes in o u t p u t as a whole (which of course includes investment); not, as perhaps been more usual, in terms of the effect of changes in consumption only", Hicks, A Contribution ..., a.a.O., S. 38. Siehe in diesem Zusammenhang auch Baumol, W.J., Notes ..., a.a.O., S. 507.

andere Autoren wie beispielsweise Domar fassen ihn dagegen lediglich als Gleichgewichtsbedíngung auf.[133]

Harrod geht in seiner wachstumstheoretischen Analyse von einer konstanten Akzeleratorbeziehung aus. Diese Annahme läßt sich nach seiner Meinung unter der Voraussetzung neutralen technischen Fortschritts und einer gleichbleibenden Zinsrate am ehesten mit dem Konzept einer "steadily advancing economy" vereinbaren. Entscheidendes Kriterium für die Konstanz des Akzelerators ist allerdings nicht in erster Linie seine modelltheoretisch relativ unkomplizierte Handhabung[134], sondern die Vorstellung, daß der Durchschnitt der Investoren im Hinblick auf die Realisierung des unternehmerischen Gleichgewichts, d.h. zur Vermeidung von Unter- bzw. Überkapazitäten seine Kapitalausstattung in einem stets konstanten Verhältnis zu den laufenden Produktionssteigerungen anzupassen versucht. Die Höhe der Nettoinvestitionen erscheint damit in linearer Abhängigkeit von der Höhe der Gesamtproduktion.

---

133 Zur unterschiedlichen Behandlung der akzeleratorinduzierten Investition in dynamischen Gleichgewichtsmodellen, vgl. u.a.: Pilvin, H., A Geometric Analysis of Recent Growth Models, in: The American Economic Review, Bd. 42 (1952). Sich auf das Modell von Harrod beziehend bemerkt Pilvin: "The accelerator is a behavior coefficient, and the models which employ it emphasize the response of entrepreneurs to changes in income." Davon unterscheiden sich die Modellansätze Domar'schen Typs dadurch, daß "the capital coefficient is a technical one; models which use it stress the effect of investment on capacity." (Vgl. S. 595)

134 wie etwa in der Darstellung bei Domar, in der diese Annahme lediglich der Modellvereinfachung dient; vgl. Domar, E.D., Capital Expansion ..., a.a.O., S. 137; allerdings lassen die (u.a. von S. Kuznets) empirisch ermittelten geringen Schwankungen in der Höhe des Kapitalkoeffizienten westlicher Industrienationen die in den Wachstumsmodellen unterstellte Konstanz als durchaus vertretbar erscheinen.

Im dynamischen Modell Harrods wird die konstante Akzelerator-beziehung in formaler Hinsicht durch das Symbol Gr, den 'erforder-lichen' Kapitalkoeffizienten dargestellt. Durch die Annahme eines im Zeitablauf konstanten Verhältnisses zwischen Kapital und Ausstoß[135] entfällt die Unterscheidung zwischen dem durchschnittlichen und dem marginalen Kapitalkoeffizienten.

Das Konzept des konstanten Kapitalkoeffizienten ist insbesondere in der wachstumstheoretischen Literatur vielfach diskutiert worden und teilweise auf gravierende Einwände gestoßen. Die kritischen Anmerkungen richten sich im wesentlichen gegen zwei Mängel, die diese Konzeption offensichtlich aufweist. Nach weit verbreiteter Auffassung ist sie unbefriedigend:

1. wegen ihrer mangelnden Realitätsbezogenheit und der geringen Aussagefähigkeit, mit denen aggregierte Größen behaftet sind,

2. weil die mit der Starrheit des Kapitalkoeffizienten implizierte Annahme eines limitationalen Faktoreinsatzmengenverhältnisses als Ursache für die Instabilität des Wachstumspfades anzusehen ist.

Der zweite Einwand, der vor allem von den Vertretern der neoklassischen Wachstumstheorie gegen Harrods Modell vorgebracht wird, ist an anderer Stelle zu diskutieren.[136] Sich auf den erstgenannten Punkt der Kritik beziehend wendet Rose ein: "Die 'Relation' wird jedoch für die verschiedenen Teilbereiche der Produktion, je nach der Kapitalintensität dieser Wirtschaftszweige, einen verschiedenen Wert annehmen, so daß die Annahme eines einheitlichen Investitions-koeffizienten zu fundamentalen Fehlschlüssen führen muß."[137] Harrod

---

135 Der in der angelsächsischen Literatur für die Bezeichnung dieses Tatbestandes geläufige Ausdruck "capital-output relation" wurde von Fellner eingeführt.
136 Vgl. dazu Kap. 5.42
137 Rose, K., Die Bedeutung des Akzelerationsprinzips ..., a.a.O., S. 358.

ist sich der mit der Annahme eines konstanten gesamtwirtschaftlichen Kapitalkoeffizienten verbundenen Problematik, der "alle Mängel eines unechten Durchschnittes"[138] aufweist, völlig bewußt. Je nach der Art der technischen Neuerungen kann sich der Kapitalbedarf in den einzelnen Sektoren einer Volkswirtschaft durchaus unterschiedlich entwickeln[139], zudem handelt es sich bei der Größe Cr um einen postulierten Durchschnitt aller einzelwirtschaftlicher marginaler Kapitalkoeffizienten, der erforderlich ist, damit sich das wirtschaftliche Wachstum gleichgewichtig vollziehen kann. Die Berücksichtigung sektoraler Investitionskoeffizienten ist von Harrod nie in Erwägung gezogen worden, was zweifellos nur auf Kosten der Verständlichkeit und Allgemeingültigkeit seines Wachstumskonzepts, auf die er immer wieder mit Nachdruck hingewiesen hat, hätte geschehen können.

3.222 Verhaltensfunktion oder technisch bedingte Relation

Die Verwendung des Akzelerationskoeffizienten im Rahmen dynamischer Modelle hat nun insbesondere in der Diskussion um die Konzeptionen von Harrod und Domar zu einer Kontroverse über die Frage geführt, ob die 'Relation' einen rein technischen Zusammenhang zwischen Kapital und Ausstoß beinhalte, oder als 'psychologisch' bedingter Reaktionskoeffizient zu interpretieren sei. Es hat sich im Falle des Harrod-Modells die Auffassung durchgesetzt, daß beide Standpunkte je nach dem Aspekt unter den die Betrachtung seiner Konzeption gestellt wird, mit einer gewissen Berechtigung vertreten werden können. In dieser Frage eine eindeutige Entscheidung im Sinne einer Interpretation fällen zu können, erscheint vor allem deshalb schwierig, weil Harrod nicht explizite zu diesem Problem Stellung bezieht und entsprechend dem jeweiligen Gegenstand der Analyse einmal mehr den technischen, andererseits mehr den psychologischen

---

138 Bombach, G., Zur Theorie ..., a.a.O., S. 161; vgl. ders., Quantitative und monetäre Aspekte des Wirtschaftswachstums, in: Schriften des Vereins für Socialpolitik, N.F., Bd. 15 (1959), S. 179 ff.

139 Vgl. Harrod, R.F., Dynamische Wirtschaft, a.a.O., S. 103 ff.

Aspekt in den Vordergrund rückt.[140]

Wurde im vorigen Kapitel konstatiert, daß der Akzelerator in der Darstellung Harrods als eine in erster Linie durch unternehmerisches Verhalten bestimmte Beziehung aufzufassen ist, so stellt sich nun in diesem Zusammenhang die Frage, welche Verhaltenshypothese der Reaktion der Investoren zugrunde gelegt wird.

Die Erwartungen über die zukünftige Entwicklung der Nachfrage stellen nach Harrods Auffassung die treibende Kraft der unternehmerischen Nettoinvestitionstätigkeit dar.[141] Die Basis der Entscheidung über die Durchführung von Nettoinvestitionen bildet, so nimmt Harrod an, die reale Steigerung der Produktion und des Einkommens gegenüber der vergangenen Periode. Entspricht dieser Zuwachs der Fortschrittsrate, die zur Realisierung des dynamischen Gleichgewichts erforderlich ist, so wird "in den Unternehmen eine

---

140 Nach der Auffassung von Shackle läßt sich in der Argumentation Harrods feststellen, "a sudden switch from the mechanistic to the psychic, form a formal structure of symbols to an argument about thought and decision ", Shackle, G.L.S., A Scheme ..., a.a.O, S.116
141 Tinbergen gelangt auf Grund statistischer Untersuchungen zu der Überzeugung, daß die unternehmerische Investitionstätigkeit in der Hauptsache durch Gewinnerwartungen beeinflußt wird, vgl. Tinbergen, J., Statistical Evidence on the Acceleration principle, in: Economics, N.S., Bd. 5 (1938), S. 164. Auf dieses Ergebnis scheint Harrod u.a. anzuspielen, wenn er darauf hinweist, "Des économistes très distingués ont affirmé solennellement, sur la base d'observations économétriques, que les variations dans l'investissement sont au premier chef fonction des variations du profit réalisé au cours de le periode précédente". Allerdings teilt er diese Ansicht nicht; vielmehr gewinnt er die Überzeugung, daß der Einfluß von Gewinnände-rungen auf Variationen in der Höhe der Nettoinvestitionen als zweit-rangig angesehen werden muß: "Nous avons de bonnes raisons de croire cette hypothèse incorrecte." Vgl. Harrod, R.F., Les relations ..., a.a.O., S. 361.

geistige Bereitschaft erweckt, einen gleichartigen Fortschritt zu vollführen".[142] Sie werden dann ihre Nettoinvestitionsvorhaben in dem Umfang vornehmen, der eine Anpassung des Kapitalapparates an den erwarteten Produktionszuwachs und eine angemessene Auslastung der Kapazitäten gewährleistet. Bleibt die während einer Rechnungsperiode realisierte Produktionssteigerung jedoch hinter der erwarteten Zuwachsrate zurück, so werden die Unternehmer feststellen, daß sie zu wenig produziert haben, und in der folgenden Periode ihre Produktion auszudehnen versuchen. Die umgekehrte Reaktion wird dann eintreten, wenn Überkapazitäten gebildet wurden.[143] Harrod weist jedoch darauf hin, daß es sich bei dieser Annahme nicht um eine Hypothese mit empirischen Aussagegehalt handelt, sondern vielmehr ein derartiges Verhalten der Unternehmer postuliert wird, damit die Entwicklung in der Wirtschaft in einem "unternehmerischen Gleichgewicht" fortschreiten kann.

Insbesondere Alexander war darum bemüht[144], die der Harrod'schen Wachstumskonzeption zugrundeliegenden Annahmen zu interpretieren und in einer klaren verbalen Form wiederzugeben. So ist es ihm gelungen, das von Harrod unterstellte und in zahlreichen Erklärungen und Andeutungen gekennzeichnete Investitionsgebaren der Unternehmer in dem Verhaltenspostulat 'A' zu formulieren: "If investment ex post is justified in any period, entrepreneurs will (unless prevented by physical limitations) in the suceeding period increase production in the same proportion as it has just been increased. If in any period investment ex post is less than the justified investment, entrepreneurs will in the next period increase the rate of growth of production, and vice versa".[145]

Neben dieser Interpretation, die den Investitionskoeffizienten als

142 Harrod, R.F., Dynamische Wirtschaft, a.a.O., S.102
143 Dieses unternehmerische Verhaltensschema wird vielfach als 'Harrod'sches Paradoxon' bezeichnet; vgl. dazu auch Kap. 5.2
144 Alexander, S.S., Mr. Harrod's ..., a.a.O., S. 728
145 ebenda

reaktionsbedingte Relation darstellt, klingt bei Harrod eine andere Art der Deutung an, in der mehr der technisch bedingte Zusammenhang zwischen Nettoinvestition und Produktionssteigerung angesprochen wird. Die Entscheidung eines Unternehmers, die Produktion zu erhöhen, hat eine doppelte Wirkung: "sie ändert seine relative Stellung und sie ändert die allgemeine Höhe der Produktion"[146]. Unter makroökonomischem Aspekt erfährt das Niveau der gesamten Produktion eine Veränderung aufgrund der Investitionsentscheidungen der gesamten Unternehmerschaft. Eine Steigerung des gesamten Produktionsvolumens ist aber nur dann möglich, wenn bei einer konstanten Auslastung des Produktionsapparates die Kapazitäten in entsprechendem Maße ausgedehnt werden. Im Rahmen des Harrod'schen Gleichgewichtsmodells findet diese Überlegung ihren symbolischen Ausdruck in dem Kapitalkoeffizienten Cr: "Er bedeutet das neue Kapital, das erforderlich wird, um die Produktion zu erzielen, welche der Nachfrage der Konsumenten Genüge tut, die aus deren Grenzzuwachs zum Einkommen erwächst."[147] Die Produktionsausweitung wird demnach erst durch das Vorhandensein zusätzlicher Kapazitäten ermöglicht. Cr erscheint somit unter diesem Aspekt als ein technisch determinierter Gleichgewichtsfaktor. Während bei Cr die Produktionsanlagen stets der Ausstoßerhöhung angepaßt sind, schließt der 'tatsächliche' Kapitalkoeffizient C, der den Kapitalstock mit der realisierten Einhommenserhöhung in Beziehung setzt, das Auftreten von "unwanted accretions or depletions of stocks ... or equipment"[148] nicht aus.

Im Falle C + Cr wird das Kapital-Ausstoß-Verhältnis von den Unternehmern im Hinblick auf die Realisierung des unternehmerischen Gleichgewichts als unbefriedigend empfunden, da entweder Überkapazitäten vorhanden sind (C > Cr) oder die Ausnutzung des zusätzlich geschaffenen Produktionsapparates den 'normalen' Auslastungsgrad übertrifft (C < Cr). Das technische Verhältnis

---

146 Harrod, R.F., Dynamische Wirtschaft, a.a.O., S.96.
147 ebenda, S. 104.
148 Harrod, R.F., An Essay ..., a.a.O., S. 206.

zwischen Kapitalausstattung und Ausstoß wird damit gleichsam zum Gradmesser der unternehmerischen Nettoinvestitionstätigkeit. In diesem Zusammenhang ergibt sich nun die Frage: Unter welchen Voraussetzungen besteht eine Gleichheit zwischen dem verhaltensbedingten Akzelerator (β) und dem 'technischen' Kapitalkoeffizienten (Cr) und sind beide Beziehungen in der Harrod'schen Darstellung identisch ?

Die Beziehung für den Akzelerator (im Sinne der 'Relation') lautet:

$$I t \, ind = \beta \cdot (Y t - Y t\text{-}1) \qquad (5)$$

Für den Kapitalkoeffizienten gilt:

$$C r = I t : (Y t - Y t - 1) \qquad (6)$$

Die rein formale Übereinstimmung von β und Cr wird unmittelbar aus den beiden Beziehungen (5) und (6) ersichtlich. Eine völlige Gleichheit beider Größen kann nach der Auffassung von Ott jedoch nur in einem Falle vorliegen, nämlich dann, "if entrepreneurs immediately react to a change in income and therefore invest in the same period, and if furthermore investment at once creates new capacity".[149] Bezeichnet man mit Ott das Zeitintervall zwischen der Einkommensänderung und dem Beginn der Nettoinvestition als "reaction period" ('p') und den zeitlichen Abschnitt zwischen der Inangriffnahme und der Fertigstellung der Investition als 'gestation period' ('q'), so lassen sich die Beziehungen (5) und (6) wie folgt wiedergeben:

$$I t \, ind = \beta \, (Y t\text{-}p - Y t\text{-}p\text{-}1) \qquad (5a)$$

$$Y t\text{+}q - Y t\text{+}q\text{+}1 = I t : C r \qquad (6a)$$

---

149 Ott, A.E., The Relation between Accelerator and the Capital Output Ratio, in: The Review of Economic Studies, Bd. 25 (1957/58), S. 193.

Aufgrund der Analyse von Ott ergibt sich die Gleichheit beider Koeffizienten dann, wenn die Reaktionszeit der Unternehmer und die Herstellungszeit der Investitionen gleich Null sind:

$$p = q = 0 \qquad (7)$$

Diese Annahme liegt dem Modell Harrods zugrunde, der ja nur eine Gleichung für das Akzelerationsprinzip ('the relation') und den Kapazitätseffekt der Investitionen kennt"[150]. Immer dann, wenn time lags auftreten, d.h. wenn p, q > 0, fallen die Größen ß und Cr auseinander. In seiner Untersuchung abstrahiert Harrod jedoch bewußt von zeitlichen Verzögerungen bei der unternehmerischen Reaktion einerseits und bei der zeitlichen Dauer des Investitionsprozesses andererseits.[151]

In einer Arbeit von Hamberg und Schultze [152] wird der Harrod'sche

---

150 Derselbe, Der Gleichgewichtsakzelerator, in: Ifo-Studien, 5. Jg., Berlin-München 1959, S. 114. Ein Versuch, die Unterschiede zwischen der Relation und dem Kapitalkoeffizienten im Rahmen des Gleichgewichtsmodells von Harrod aufzuzeigen, wird auch von Banks unternommen. Allerdings gehen seine Interpretationen weit über den Rahmen hinaus, der in diesem Zusammenhang von Interesse ist. Vgl. Banks, F.E., The "Relation" and the Capital-Output Ratio in a "Harrod Type" Model, in: Weltwirtschaftliches Archiv, Bd. 89 (1962 II), S. 247 ff.

151 Vgl. hierzu auch Mieth, Q., Das Akzelerationsprinzip, in: Volkswirtschaftliche Schriften, Heft 14, Berlin 1954, S. 45 f. Bombach weist darauf hin, daß auf Grund dieser Überlegung die Unternehmer auf jede beliebige Nachfrageänderung hin unmittelbar ihre investitionspolitischen Entscheidungen revidieren müssen, wenn sie in ihrer Produktionsplanung einen konstanten Auslastungs-grad der Kapazitäten anstreben. Diese Annahme hält er jedoch für unrealistisch, da im allgemeinen Reservekapazitäten gebildet werden, um temporären Nachfrageschwankungen zu begegnen, Bombach, G., Art. Wirtschaftswachstum, a.a.O., S. 771.

152 Hamberg, D. und Schultze, C.L., Autonomous versus Induced

Akzelerator als "behavior coefficient" interpretiert. Allerdings kann sich seine Bedeutung im Rahmen einer dynamischen Gleichgewichtskonzeption nicht ausschließlich auf diese Eigenschaft beschränken, denn "consistency in spending plans is not a sufficient stipulation of equilibrium"[153]. Ein gleichgewichtiges Wachstum in der Form eines "full capacity growth" kann nur dann realisiert werden, wenn der Produktionssteigerung ein proportionales Anwachsen der Kapazitäten gegenübersteht. Dieser technische Tatbestand muß demnach in der Akzeleratorbeziehung gleichermaßen berücksichtigt werden. Daraus folgt: Nur wenn der Reaktionskoeffizient, der das unternehmerische Investitionsverhalten beschreibt, mit dem technischen Kapitalkoeffizienten, der die durch die Nettoinvestition bedingte Kapazitätsausweitung wiedergibt, übereinstimmt, kann ein "wahres" dynamisches Gleichgewicht erreicht werden.[154] Ähnlich äußert sich Bodenhorn[155]: Der Akzelerator wird zwar bei Harrod als "response coefficient" behandelt, stellt man jedoch den Gleichgewichtscharakter der Kapital-Ausstoß-Beziehung innerhalb seines dynamischen Modells heraus, so kann eine Produktionssteigerung bzw. Einkommenssteigerung erst dann effektiv werden, wenn auch die dafür notwendigen zusätzlichen Kapazitäten bereitstehen, deshalb: "the model makes sense from the point of view of an equilibrium in the stock of capital (no unused capacity), only if the response coefficient is exactly equal to the capital coefficient"[156].

Die Harrod'sche 'Relation' ist somit durch zwei verschiedene Sachverhalte gekennzeichnet:

Investment: the Interrelatedness of Parameters in Growth Models, in: The Economic Journal, Bd. 71 (1961), S. 53 ff.

153 Ebenda, a.a.O., S. 59; Vgl. auch Hamberg, D., Investment and Saving in a Growing Economy, in: The Review of Economics and Statistics, Bd. 37 (1955), S. 197, Anm. 3.

154 Vgl. Hamberg, D. und Schultze, C.L., a.a.O., S. 60

155 Bodenhorn, D., The Stability of Growth Models, in: The American Economic Review, Bd. 46 (1956), S. 607 ff.

156 Ebenda, a.a.O., S. 608 f.

1. Die Unternehmerschaft wird auf Grund von Einkommens- bzw. Produktionsveränderungen während der Periode t-1 zur Durchführung von Nettoinvestitionen bestimmten Umfangs in der Periode t veranlaßt. Dieser 'psychologische' Tatbestand wird üblicherweise mit der Bezeichnung "Akzeleratorkoeffizient" versehen.

2. Mit der Produktionserhöhung muß bei konstantem Auslastungsgrad pari passu eine Ausweitung der Kapazitäten einhergehen. Dieser technische Zusammenhang wird überwiegend als "Kapitalkoeffizient" bezeichnet.

Diese beiden Aspekte werden jedoch bei Harrod nicht säuberlich voneinander getrennt. Beide Erklärungen gehen vielmehr ineinander über und werden unter ein und demselben Koeffizienten Cr subsumiert. Während Harrod einerseits in eingehenden Erörterungen die psychologische Komponente dieser Beziehung darzustellen versucht, nimmt er jeweils nur indirekt auf den technischen Zusammenhang zwischen beiden Größen Bezug.

3.223 Die Kritik Alexanders und das Konzept des 'repräsentativen' Unternehmers

Während im vorigen Kapitel u.a. das von Harrod innerhalb seiner Wachstumsanalyse unterstellte Investitionsgebaren der Unternehmer im Hinblick auf seine Motivation untersucht wurde, ist nun in diesem Zusammenhang die Frage zu erörtern, welche Konsequenzen sich aus der seinen Überlegungen zugrundeliegenden Verhaltensannahme für die Analyse des fortschreitenden Gleichgewichts ergeben. Die im Rahmen des 'moving equilibrium' postulierte unternehmerische Reaktion wird von Harrod als Verhaltenskonstante derart gekennzeichnet, daß - so in der Interpretation von Alexander - "if the decisions to increase output from last period to this one were justified, new decisions will be made to continue the same percentage rate of growth into the next period".[157]

---

157 Alexander, S.S., Mr. Harrods..., a.a.O., S. 728

70

Alexander, der die Auffassung vertritt, daß Harrods dynamisches Modell auf einer Reihe von "highly restricted assumptions" basiert, betrachtet dieses Verhaltenspostulat als einen Sonderfall unter theoretisch unendlich vielen Reaktionsweisen. Er hält diese Annahme deshalb für zu einschränkend, weil mit ihr nur eine mögliche Reaktion und damit ein Wachstumspfad beschrieben wird. In seiner Untersuchung versucht er nachzuweisen, daß Harrods Modellvorstellung auch dann ihre Gültigkeit nicht verliert, wenn man hinsichtlich des Unternehmerverhaltens ein 'allgemeines' Postulat zugrundelegt, in dem ein gewisser Reaktionsspielraum für die unternehmerische Investitionstätigkeit unterstellt wird. Bezeichnet man mit s (Y t-1) das geplante Sparen und die notwendige ("justified") Investition mit Cr (Yt - Yt-1) und setzt man mit Harrod voraus, daß die tatsächliche Investition dem geplanten Sparen gleich ist[158], so könnte theoretisch während einer Periode zwischen der 'notwendigen' und der 'tatsächlichen' Nettoinvestition (bzw. dem geplanten Sparen) eine Differenz in Höhe von Ut auftreten:

$$U t = C r (Y t - Y t\text{-}1) - s (Y t\text{-}1) \qquad (9)$$

Das Postulat 'A' kann in algebraischer Form wiedergegeben werden als:

$$Gt+1 = Gt + F (Ut) \qquad (10)$$

Für den bei Harrod unterstellten Fall gilt die einschränkende Bedingung

---

158 Harrod übernimmt hier die von Keynes postulierte Identität zwischen dem tatsächlichen Sparen und den realisierten Investitionen (Vgl. Kap. 4.1):

$$s = I \qquad (8).$$

Die Gleichheit zwischen Sgepl. und Itats ergibt sich deshalb, "since Mr. Harrod assumes that saving intentions are always realized ...", Baumol, W.J., Economic Dynamics, a.a.O., S. 37.

Ut =0 und damit:

$$s(Yt-1) = Cr(Yt - Yt-1) \qquad (11)^{[159]}$$

Somit wird eine Investitionspolitik postuliert, bei der die geplanten Investitionsvorhaben in jeder Periode realisiert werden, und die zu einer Aufeinanderfolge stets gleicher Wachstumsraten (Gt = Gt + 1 ....= Gt + n) führt.

Im Hinblick auf eine allgemeinere Fassung des Harrod-Modells schlägt Alexander vor, die Bedingung Ut = 0 aufzugeben. Beispielsweise würde ein Überschuß der erforderlichen Investitionen über die geplanten Ersparnisse während einer Periode (d.h. also ein positiver Wert für Ut) in der darauffolgenden Periode zu einer Erhöhung der Zuwachsrate des Einkommens führen, da die Gesamtausgaben das Gesamteinkommen um eben die Differenz Ut übertreffen. Aus dieser Darlegung leitet Alexander eine modifizierte Version des Postulats 'A' ab: "wenn in der laufenden Periode die Ausgaben das hervorgebrachte Einkommen übersteigen, wird die Wachstumsrate des Einkommens der folgenden Periode die vorhandene Wachstumsrate übersteigen. Wenn die Ausgaben kleiner sind als das hervorgebrachte Einkommen, wird die Wachstumsrate des in der nächsten Periode erzeugten Einkommens kleiner sein als die Wachstumsrate der laufenden Periode".[160] Setzt man für die Ausgaben der laufenden Periode Et (Expenditure), so gilt:

$$Ut = Et - Yt \qquad (12)$$

Die Beziehungen (10) und (13) werden von Alexander als "the generalised Harrod-model" bezeichnet. Sie lassen sich zusammenfassen

---

159 bzw. in der lag-losen Fassung: $s(Y_t) = C_r(Y_t - Y_{t-1})$ (11 a)

160 Das Postulat von Alexander (a.a.O., S. 731) ist hier in der deutschen Übersetzung von Brandt wiedergegeben. Brandt, K., Struktur der Wirtschaftsdynamik, Frankfurt 1952, S. 93. Allerdings sind Harrods Einwände in dieser Veröffentlichung unberücksichtigt geblieben.

zu dem Ausdruck:

$$Et = Yt - s \, Yt\text{-}1 + cr \, (Yt - Yt\text{-}1) \qquad (13)$$

Harrod gesteht zwar zu, daß das Postulat A seinen Vorsellungen über das Investitionsverhalten entspricht, soweit die unternehmerischen Entscheidungen vom laufenden Produktionsertrag beeinflußt werden, und daß weiterhin diese Verhaltensannahme von Alexander nicht zu Unrecht als zu speziell kritisiert wurde. Allerdings stößt der allgemeinere Lösungsversuch auf Harrods Ablehnung, da Alexanders weitere Annahmen nach seiner Auffassung nicht mit seiner Konzeption vereinbar sind.[161]

Harrod räumt ein, daß er insbesondere durch die kritische Stellungnahme Alexanders dazu angeregt wurde, die Investitionsproblematik von neuem auf der Grundlage seines Konzepts vom 'repräsentativen Unternehmer' theoretisch zu durchdringen.[162] In diesem Zusammenhang tritt für ihn vor allem die Frage in den Vordergrund, nach welchen Kriterien der Durchschnitt aller Unternehmer seine Investitionsprojekte vornehmen wird. Er schränkt hierbei den Untersuchungsgegenstand insoweit ein, als er sein Augenmerk ausschließlich auf diejenigen Investitionen richtet, die von Einkommensänderungen induziert werden bzw. dem Akzelerationsprinzip unterliegen. Das Verhalten des 'Durchschnittsunternehmers' kann nach seiner Auffassung in zweierlei Hinsicht als repräsentativ angesehen werden [163]:

1. Seine Produktion verändert sich mit der gleichen Rate wie das

---

161 "He (Alexander) suggests that I postulate a divergence between expenditure (including investment expenditure) and income in the same period. Nowhere do i refer to or imply any such divergence. ... expenditure is taken to be equal to income". Harrod, R.F., Notes on Trade Cycle Theory, a.a.O., S. 270.

162 Harrod, R.F., Are Monetary ..., a.a.O., S. 904.

163 Ders., Supplement on Dynamic Theory, in: Economic Essays, London 1952, S. 282.

Niveau der Gesamtproduktion.

2. Seine Verhaltensstruktur muß hinsichtlich der Reaktion gegenüber laufenden Einkommensänderungen dem Durchschnitt der Unternehmer entsprechen.

Die Basis der Investitionsentscheidungen des repräsentativen Unternehmers bildet der "current outturn of business". Harrod versteht darunter[164]

a. das mikroökonomische Verhältnis zwischen der Kapitalausstattung und der laufenden Produktion,
b. die gesamtwirtschaftliche Entwicklung der Produktion.

Wird das einzelwirtschaftliche Kapital-Ausstoß-Verhältnis als Investitionskriterium herangezogen, so kann weiterhin unterstellt werden - und diese Annahme hält Harrod für durchaus realistisch -, daß die Produktionsmittelnachfrage des 'repräsentativen Unternehmers' um so größer sein wird, je geringer er das Verhältnis seiner Kapitalausstattung zum laufenden Produktionsniveau einstuft und umgekehrt. Nur, wenn der Kapitalapparat in einem ganz bestimmten Verhältnis zur geplanten Produktion steht (nämlich im Falle Cr), wird der Unternehmer eine angemessene Auslastung seiner Kapazitäten feststellen. Diese Verhaltensvorstellung liegt dem Postulat 'B' zugrunde, das eine allgemeinere Fassung der Variante 'A' darstellt: "Let the representative entrepreneur on each occasion of giving an order repeat the amount contained in his order for the last equivalent period, adding thereto an order for an amount by which he judges his existing stock to be deficient, if he judges it to be deficient, or subtracting therefrom the amount by which he judges his stock to be redundant, if he does so judge it. Let him judge his stock to be neither redundant nor deficient when it consists of a certain fraction, C, of his intended order".[165]

Während das im Postulat 'A' gekennzeichnete Unternehmerverhalten an

---

164 Vgl. Harrod, R.F., Notes ..., a.a.O., S. 272 f.
165 Harrod, R.F., Supplement ..., a.a.O., S. 284.

die Bedingung C = Cr geknüpft war, läßt das Postulat 'B', das in dieser Formulierung seines streng normativen Charakters enthoben ist, die Frage nach einer bestimmten Investitionspolitik völlig offen. Das Investitionsverhalten im Sinne von Postulat 'A' kann deshalb als Sonderfall der im Rahmen von Postulat 'B' möglichen Verhaltensweisen bezeichnet werden. Allerdings weist Harrod darauf hin, daß sich die Unternehmer im Falle einer Realisierung des gleichgewichtigen Wachstums in beiden Varianten jeweils unterschiedlichen Situationen gegenüberstehen. Während sich das Verhältnis der Kapitalausstattung zur Produktion unter Postulat 'A' stets zur Zufriedenheit der Unternehmer entwickelt, empfindet der repräsentative Unternehmer in der Variante 'B' einen chronischen Mangel an Produktionsmitteln. Harrod erklärt sich jedoch außer Stande, einen Formelapparat von hinreichender Allgemeingültigkeit zu entwickeln, der den Annahmen in Postulat 'B' entsprechend Rechnung trägt.[166]

3.23 Die Wirkung autonomer Investitionen auf den dynamischen Entwicklungsablauf

Bei den bisherigen Überlegungen wurden ausschließlich diejenigen Investitionen berücksichtigt, die dem kurzfristigen Effekt des Akzeleratorprinzips unterliegen. Jede Produktionsveränderung wirkte sich hierbei unmittelbar auf die Nettoinvestitionstätigkeit aus. wenn auch das Akzeleratorprinzip als wichtiges Element in seiner dynamischen Modellkonzeption betrachtet werden muß, so ist sich Harrod andererseits bewußt, daß seine 'Relation' nicht die gesamte Last des Investitionsprozesses zu tragen imstande ist. [167]

Die Nettokapitalausgaben sind zu einen gewissen Teil von langfristigen Investitionsüberlegungen bestimmt.[168] Unter der Kategorie des "long-

---

166 Ebenda ..., a.a.O., S. 283.
167 Vgl. Harrod, R.F., An Essay..., a.a.O., S. 206
168 Wenn Harrod in diesem Zusammenhang von 'lang-' und 'kurzfristig' spricht, so trifft er diese Unterscheidung in Analogie zu Marshalls Einteilung in long- und short-period costs. Der Begriff der Fristigkeit

range investment", dargestellt durch den Faktor k, werden von Harrod die heterogensten Investitionsformen subsumiert: k ist ein Terminus, "den Sie so frei auslegen können, wie Sie wollen".[169] Die Größe k enthält solche Nettoinvestitionen, die im Gegensatz zu Cr, zuindest in einer angemessen Frist, keine entsprechende Ausweitung der Kapazitäten bewirken. Unter langfristigem Aspekt kann k vernachlässigt werden, "denn im langen Weg macht sich jede Kapitalausgabe durch die Verwendung, der sie zugeführt wird, bezahlt".[170] Allerdings variiert k nicht wie Cr mit der Zuwachsrate des Einkommens, stattdessen stellt sie einen bestimmten Bruchteil des laufenden Einkommensniveaus dar. Diese Annahme fußt auf der Überlegung, daß Investitionsvorhaben langfristiger Art zu einem erheblichen Teil durch die jeweilige konjunkturelle Situation beeinflußt werden.[171] Harrod bezeichnet darüber hinaus mit K denjenigen Teil der Nettoinvestitionen von langfristigen Charakter, der unabhängig sowohl vom Einkommensniveau als auch von der Einkommensänderung vorgenommen wird.

Im Anschluß an die Terminologie von Hicks hat sich in der investitionstheoretischen Literatur weitgehend die Unterscheidung in 'autonome' und 'induzierte' Investitionen durchgesetzt. Im Hinblick auf die notwendige Disaggregation des Investitionskomplexes hält Harrod eine Klassifizierung seiner einzelnen Investitionsformen nach diesem Einteilungsschema für zweckmäßig. Wenn auch nach seiner Auffassung keine eindeutige Trennung zwischen den beiden Kategorien vorgenommen werden kann[172], sofern man als Unterscheidungs-

---

ist also unabhängig vom Zeitfaktor.
Vgl. dazu: Supplement ..., a.a.O., S. 280 f.
169 Ders., Dynamische Wirtschaft, a.a.O., S. 99.
170 ebenda
171 Ders., An Essay ..., a.a.O., S. 213.
172"No hard-and-fast line can be drawn between 'induced' and 'autonomous' investment", Harrod, R.F., Notes..., S. 267; vgl. auch ders., Domar and Dynamic Economics, a.a.O., S. 461 f. Harrod hält der Darstellung von Hicks entgegen, eine zu deutliche Trennung zwischen beiden Kategorien vorgenommen zu haben. Er gesteht

kriterium die Länge des Betrachtungszeitraums wählt, so läßt Harrod dennoch nicht den Einwand Fellners gelten, der diese Unterscheidung als völlig willkürlich bezeichnet.[173] Er verweist in diesem Zusammen hang wiederum auf die Analogie zu Marshalls Unterteilung in kurze, mittlere und lange Perioden. Die Einteilung in induzierte und autonome Investitionen wird nun bei Harrod nicht schlechthin durch die Periodenlänge gerechtfertigt, sondern letztlich ist die Frage entscheidend, ob die Unternehmererwartungen kurz- oder langfristigen Charakter tragen.[174]

Der Kapitalkoeffizient C bzw Cr enthält die nach Maßgabe des Akzelerators 'induzierten' Netto-Kapitalausgaben. 'Autonomen' Charakter haben die mit K bezeichneten Investitionen, die vom jeweiligen Einkommensniveau unabhängig sind. Das Problem eines 'erforderlichen' Einkommenswachstums besteht demnach für die autonomen Investitionen nicht. Der Faktor k kann keiner von beiden Kategorien eindeutig zugeordnet werden; in ihm sind gleichermaßen autonome und induzierte Elemente enthalten.

Die Gleichgewichtsbeziehung (11a) läßt sich nun unter Berücksichtigung der 'long-range' Investitionen in erweiterter Form wiedergeben:

---

jedoch zu, daß seine eigene Darstellung im Essay mit einem ähnlichen Mangel behaftet ist,vgl.: Supplement..., S. 280.

173 Vgl. Fellner, W., Trends and Cycles in Economic Activity, New York 1956, S. 319, Harrod, R.F., Professor Fellner on Growth and Unemployment, in: Kyklos, Bd. 10 (1957), S. 5.

174 Vgl. Harrod, R.F., Notes ..., S. 267; siehe insbesondere auch Kaldor, N., Hicks on the Trade Cycle, in: The Economic Journal, Bd. 61 (1951); wiederabgedruckt in: Essays on Economic Stability and Growth, London 1960, S. 204. Kaldor bemerkt in diesem Zusammenhang: "investment will be 'autonomous' or 'induced' according as the investment decisions of entrepreneurs are governed by expectations of long-term growth or by the actual growth in output in the recent past."

$$s(Y t) = Cr(Yt - Yt\text{-}l) + kYt + K \qquad (14)$$

Das Sparangebot, das für die Durchführung der akzelerator-induzierten Nettoinvestitionen bereitsteht, ist demnach um den Betrag verringert, der durch das 'long-range investment' absorbiert wird. Die Höhe der induzierten Investitionen, die unmittelbar mit dem Wachstum der Produktion in Beziehung stehen, reduziert sich damit um die in dem Faktor $kYt + K$ enthaltenen Kapitalausgaben.[175] Da die autonomen Investitionen sich kurzfristig nicht bezahlt machen, m.a.W. nicht unmittelbar die Voraussetzung für eine Steigerung der Produktion schaffen, werden sie sich unter kurzfristigem Aspekt für das Wachstum der Wirtschaft hemmend auswirken. Diese Überlegung führt nach Hamberg und Schultze zu der scheinbar paradoxen Schlußfolgerung, daß diejenige von zwei ansonsten völlig gleichen Volkswirtschaften die geringere Einkommenswachstumsrate aufweist, deren autonome Netto-investition vergleichsweise größer sind.[176] Das aber trifft nach der Auffassung Harrods nur in einer short-run Betrachtung zu, da ja die autonomen Investitionen langfristig Kapazitätseffekte auslösen. Demnach ist eine besondere Berücksichtigung der Größe $kYt + K$ in einer Trendanalyse nicht erforderlich.[177] Damit werden jedoch unter langfristigem Aspekt sämtliche Nettoinvestitionen von Harrod als

---

175 Higgins weist jedoch mit Recht darauf hin, daß dabei die Frage ungeklärt bleibt, "how much investment is meant to go into 'k' and how much into 'C'", Higgins, B., Towards a Dynamic Economics, a.a.O., S. 182 f. Wenn Hamberg und Schultze zwischen 'non competitive' und 'competitive autonomous investment' unter-scheiden, d.h. diejenigen autonomen Kapitalausgaben, die den Wert des Kapitalkoeffizienten nicht beeinflussen, und jene, die ein Absinken von C bewirken, so ist damit das Problem der anteil-mäßigen Aufteilung noch keineswegs gelöst; vgl. Hamberg, D., und Schultze,C.L., Autonomous versus Induced Investment..., a.a.O., S. 57 f.

176 Vgl. Hamberg, D., und Schultze, C.L., Autonomous versus Induced Investment..., a.a.O., S. 53 f.

177 Vgl. Harrod, R.F., Dynamische Wirtschaft, a.a.O., S. 99 f.

akzelerator-induziert betrachtet.[178]

Zwar dienen die autonomen Investitionen bei Harrod nach der Auffassung Roses gleichsam "als Lückenbüßer des makroökonomischen Modells"[179]. Sie dürfen aber dennoch als wichtiger Modellbaustein innerhalb einer dynamischen Analyse nicht vernachlässigt werden.[180]

4. Das System der Wachstumsraten

4.1 Die 'tatsächliche' Wachstumsrate

Die Grundbedingungen seiner dynamischen Modellkonzeption faßt Harrod wie folgt zusammen:

"That the level of a community's income is the
1. most important determinant of its supply of saving,
2. that the rate of increase of its income is an important determinant of its demand for saving, and
3. that demand is equal to supply."[181]

Diese drei Prämissen beschreiben in verbaler Form die in den bereits bekannten Beziehungen (3), (5) und (8) dargestellten Zusammenhänge, die sich unter Berücksichtigung des Zeitfaktors in der ex-post Beziehung wiedergeben lassen:

---

178 Vgl. hierzu insbesondere die Kritik von Hansen, A.H., Towards a Dynamic Theory of the Cycle, in: The American Economic Review, Papers and Proceedings, Bd. 41(1952), S. 78.

179 Rose, K., Wachstums- und Konjunkturtheorie....., a.a.O., S. 200.

180 Vgl. dazu Oppenländer, K.-H., Die moderne Wachstumstheorie. Eine kritische Untersuchung der Bausteine der Gleichgewichtskonzeption und der Wirklichkeitsnähe, in: Schriften des Ifo-Instituts für Wirtschaftsforschung, Bd. 55, Berlin-München 1963, S. 120.

181 Harrod, R.F. An Essay..., a.a.O., S. 201

$$C \, (Yt - Yt\text{-}1) \; = \; s \, Yt \qquad (11b) \qquad {}^{182}$$

Die Grundlage des dynamischen Modells von Harrod besteht demnach "in a marriage of the 'acceleration principle' and the 'multiplier' theory"[183]. Es wurde bereits an anderer Stelle darauf hingewiesen, daß Harrod im Rahmen seiner konjunkturtheoretischen Analyse den Schlüssel zum Verständnis zyklischer Bewegungen im Zusammenwirken dieser beiden Prinzipien sah. Der Entwicklungsprozeß vollzieht sich - grob skizziert - dergestalt, daß eine zusätzliche Nachfrage nach Konsumgütern sowie Kapitalgütern[184] gegenüber der Vorperiode (t-1) nach Maßgabe des Akzelerators in der laufenden Periode (t) Nettoinvestitionen induziert. Diese zusätzlichen Investitionen schaffen wiederum über den Multiplikatormechanismus eine entsprechende Ausweitung des Sozialprodukts und damit der 'wirksamen' Nachfrage usw. Auf der gleichen Basis konzipierte Samuelson[185] ein ähnliches

---

182 Gleichung (11b) gilt notwendigerweise immer, sie darf jedoch nicht mit den Gleichgewichtsbeziehungen (11) bzw. (11a) verwechselt werden.

183 Harrod, R.F. An Essay..., ebenda

184 Harrod betont, daß der Koeffizient C beide Güterkategorien enthält, vgl. Dynamische Wirtschaft, a.a.O., S. 100 und 106); Vgl. in diesem Zusammenhang auch die Kontroverse zwischen Rose und Harrod, in: Rose, K., The Possibility of Warranted Growth, in: The Economic Journal, Bd. 69 (1959), S. 313 ff., Harrod, R.F., Domar and Dynamic Economics, a.a.O., S. 452 und S. 458 ff.

185 Samuelson, P.A., Interactions between the Multiplier Analysis and the Principle of Acceleration, in: The Review of Economic Statistics, Bd. 21(1939), S. 75 ff. wiederabgedruckt in: G. Haberler, Readings in Business Cycle Theory, Homewood (Ill.)1951. Auf die unterschiedlichen, beiden Modellen zugrundegelegten Voraussetzungen kann jedoch in diesem Zusammenhang nicht näher eingegangen werden, da dieser Fragenkomplex mehr dem konjunkturtheoretischen Bereich angehört. Eine deutsch-sprachige, kritische Vergleichsanalyse beider Modellansätze findet sich u.a. in der Dissertation von Bombach, G., Beiträge zur Theorie des wirtschaft-

Modell, das sich allerdings von der Harrod'schen Fassung insofern wesentlich unterscheidet, als "Professor Samuelson's starting point is a static equilibrium, mine (Harrods) a line of steady advance".[186] Der Multiplikator-Akzelerator-Mechanismus bleibt für Harrod als Instrument zur Erklärung dynamischer Entwicklungsabläufe nicht auf den konjunkturtheoretischen Rahmen beschränkt. Er findet seine analoge Anwendung in der langfristigen Betrachtungsweise. Das Zusammenspiel zwischen den beiden Prinzipien wird aus der dynamischen Antinomie abgeleitet, die darin begründet liegt, daß:

1. "The amount of saving provides, both in the short and long runs, depends primarily, although not solely, on the level of real income.
2. The amount of saving required, both in the short and long run, depends primarily, although not solely, on the rate of increase of real income."[187]

Solow kritisiert in diesem Zusammenhang an der Methodik vom Harrod, daß dieser - ebenso wie Domar langfristige Prozesse mit einem analytischen Instrumentarium zu erklären versucht, das nach seiner Auffassung der kurzfristigen Betrachtungsweise vorbehalten bleibt.[188] Allerdings ist hier Bombach zuzustimmen, wenn er darauf hinweist, daß der langfristige Entwicklungsablauf - gemeint ist hier das durch die Raten Gw und Gn beschriebene, gleichsam 'postulierte' Wachstum - bei Harrod letztlich nicht durch den Multiplikator-Akzelerator-Mechanismus gesteuert ist.[189]

---

lichen Wachstums, Kiel 1952, S. 209 ff.

186 Harrod, R.F., Notes ..., a.a.O., S. 263.

187 ebenda, S. 262.

188 Vgl. Solow, R.M., A Oontribution to the Theory of Economic Growth, in: The Quarterly Journal of Economics, Bd. 70 (1956), S. 66.

189 Bombach, G., Art. Wirtschaftswachstum, a.a.O., S. 783 Sp. (2). Vgl. hierzu auch Kap. 5.3.

Im Rahmen einer Vergleichsanalyse gelangt Oshima[190] zu der Auffassung, daß das Multiplikator-Prinzip bei Harrod im Gegensatz zur Darstellung von Domar modelltheoretisch eine geringe Rolle spielt, zumal es auch nicht explizite in seinem Modell berücksichtigt wird. Harrod weist diese Behauptung zurück, indem er darauf aufmerksam macht, daß die Größe 's' als reziproker Wert des Multiplikators aufzufassen ist, da sie sich ja ceteris paribus proportional zum Einkommenszuwachs (Yt - Yt-1) verändere.[191]

Dividiert man die Beziehung (11b) durch C Yt, so ergibt sich folgender Ausdruck:

$$(Yt - Yt\text{-}1) : Yt \quad = \quad s : C \qquad (15)$$

Die Änderungsrate des Einkommens, bezogen auf das Einkommen der Zeitperiode t ist demnach gleich dem Quotienten aus der Sparrate und dem Kapitalkoeffizienten. Die Einkommenszuwachsrate (Yt – Yt-1) : Yt, bzw. in der Form des Differenzenquotienten $\Delta Y : Y$, wird von Harrod als "actual rate of growth" G bezeichnet. G ist die 'tatsächliche' Wachstumsrate des Einkommens oder der Produktion.[192] Dementsprechend gilt die Fundamentalbeziehung:

$$G \cdot C = s \qquad (16)$$

Da C als I : ΔY und s als S : Y definiert sind, lässt sich (16) auch wiedergeben als:

$$\Delta Y : Y \quad \cdot \quad I : \Delta Y \quad = \quad S : Y \qquad (16\,a)$$

Aus (16a) folgt, daß die Fundamentalbeziehung (16) notwendigerweise

190 Oshima, H.T., Income Originating in the Models of Harrod and Domar, in: The Economic Journal, Bd. 69 (1959). S. 443 ff.
191 Vgl. Harrod, R.F., Domar and Dynamic Economics, a.a.O., S. 454.
192 Vgl. Harrod, R.F., An Essay ..., a.a.O., S. 203.

gilt: "Kürzt man die gemeinsamen Ausdrücke, so sieht man leicht, daß die Gleichung auf die Trivialität reduzierbar ist, daß ex-post-Investieren gleich dem ex-post-Sparen ist"[193] (vgl. Beziehung (8)), wobei der Komplex der realisierten Investitionen allerdings das Auftreten von "unwanted accretions or depletions of stocks"[194] ausschließt.

Harrod drückt die Befürchtung aus, daß seine Fundamentalbeziehung wegen ihres tautologischen Charakters ähnlichen Angriffen ausgesetzt sein könne wie die Quantitätsgleichung Fisher's.[195] Die Frage, ob die Wachstumsmodelle bloße Tautologien oder aber Theorien mit empirischen Aussagegehalt darstellen, nimmt in der theoretischen Diskussion einen breiten Raum ein.[196] Nach der Auffassung Harrods können zudem Bedenken auftauchen, daß die Gleichung auf Grund ihres hohen

---

193 Ders., Dynamische Wirtschaft, a.a.O. S. 100, Anm. 1; Vgl. Keynes' Identitätsbeziehung (8). Robinson bezeichnet Harrods Modell als "a simple piece of arithmetic", Robinson, J., A Model of an Expanding economy, in: The Economic Journal, Bd. 62 (1952), S. 42.

194 Ders., An Essay ..., a.a.O., S. 206.

195 Ders., Dynamische Wirtschaft, a.a.O., S. 100. Beispielsweise stellt Wright als klaren Mangel heraus den, wie er sagt, "tautological approach inherited from the Keynesian method", Wright, D. McCord, Mr. Harrod ..., a.a.O.; Vgl. hierzu auch die kritischen Anmerkungen von Tsiang, S.C, Accelerator, Theory of the Firm and the Business Cycle, in: The Quarterly Journal of Economics, Bd. 65 (1951), S. 326 f.

196 Es sei in diesem Zusammenhang auf einige Veröffentlichungen hingewiesen, die sich eingehend mit dem Problem der Aussagefähigkeit der Wachstumskonzeptionen auseinandersetzen. Rose, K., Der Erkenntniswert der Wachstumsmodelle, in: Jahrbücher für Nationalökonomie und Statistik, Bd. 168 (1956), S. 321 ff.; Albert, H., Wachstumsmodelle und Realität, in: Jahrbücher für Nationalökonomie und Statistik, Bd. 169 (1958), S. 120 ff.; Rose, K.,Replik, in: ebenda, S. 125 ff.; Watrin, C., Modelle und Hypothesen in der Wachstumstheorie, in: Wirtschaftspolitische Chronik, 1960, S. 1 ff. (Vgl. hierzu insbesondere Kap. 4.22).

Abstraktionsgrades und der gleichsam "heroischen Vereinfachungen"[197], die den Modellprämissen zugrundeliegen, in ihrer Eigenschaft als "tool of analysis" beeinträchtigt sein könnte. Er äußert jedoch die Überzeugung, daß seine fundamentale Gleichung ein grundlegendes dynamisches Konzept darstellt, dem in der modernen Wirtschaftstheorie kein Prinzip von vergleichbarer Allgemeingültigkeit gegenübersteht.[198] Er betont deshalb immer wieder, daß er ganz bewußt von bestimmten im Rahmen einer umfassenden dynamischen Theorie notwendigen Annahmen bei der Grundlegung des Modells abstrahiert hat: "The emissions were due to the desire to achieve great generality as befits a very fundamental proposition".[199]

Um seiner dynamischen Gleichung die zum Verständnis der in ihr aufgezeigten Zusammenhänge notwendige formale Klarheit zu geben, hat Harrod in dem Kapitalkoeffizienten C zunächst nur den induzierten Investitionstyp berücksichtigt. Er ist sich indes darüber im klaren, daß damit dem Akzelerationsprinzip innerhalb der Modellkonzeption zu großes Gewicht beigemessen wird, zumal es unrealistisch wäre, sämtliche Nettoinvestitionen als einkommensinduziert gelten zu lassen.[200] Unter dem Terminus k subsumiert er solche Kapitalausgaben, deren Nutzen zwar in keiner unmittelbaren Beziehung zu laufenden Bedürfnissen steht, die sich jedoch langfristig in der Verwendung, der sie zugeführt werden, bezahlt machen.[201] Die Beziehung (16) läßt sich somit entsprechend erweitern:

$$G \cdot C = s - k \qquad (17)$$

Wird die Gleichung in den Rahmen einer zyklischen Analyse gestellt,

---

197 Vgl. Domar, L., Capital Expansion ..., a.a.O., S. 140.
198 Vgl. Harrod, R.F. Dynamische Wirtschaft, a.a.O., S.10
199 Harrod, R.F., Domar and Dynamic Economics, a.a.O.,S. 453
   (Hervorhebung im Original kursiv); vgl. auch ders., Are
   Monetary ..., a.a.O., S. 903
200 Vgl. Ders., An Essay ..., a.a.O., S. 206.
201 Vgl. Ders., Dynamische Wirtschaft, S. 99.

so ist die gesonderte Berücksichtigung des Faktors k erforderlich, wogegen er in der long-run Betrachtung vernachlässigt werden kann.[202]

4.2 Die 'befriedigende' ('warranted") Wachstumsrate

4.21 Der modelltheoretische Ansatz

Der Fundamentalbeziehung zwischen marginalem Kapitalkoeffizienten, der Sparquote und der Wachstumsrate, die in der 'ex-post' Betrachtung auf der notwendigen Gleichheit von Angebot und Nachfrage (S tats = I tats) beruht, stellt Harrod ein Gleichgewichtskonzept gegenüber, das durch die Bedingung S gepl = I gepl gekennzeichnet ist.

Während zwischen S und I als realisierten Größen ex definitione Gleichheit besteht, können gegenüber den 'geplanten' Größen durchaus Unterschiede auftreten. "Da aber Harrod annimmt, daß die Spar-vorhaben in jedem Fall realisiert werden, lädt er die ganze Bürde irgendeiner Verschiedenheit zwischen dem geplanten Sparen und der geplanten Investition auf die ungeplanten Investitionen".[203] Eine gleichgewichtige Entwicklung der Wirtschaft kann somit jedoch erst dann eintreten, wenn die Investitionsvorhaben während einer Periode auch realisiert werden. Im Falle des Auftretens vor ungeplanten Investitionen oder Desinvestitionen wird dieses Gleichgewicht demnach gestört.[204]

Im Mittelpunkt des hier zu erörternden Konzepts steht die Frage nach derjenigen Wachstumsrate, bei der sich die Expansion einer Volkswirtschaft stetig bei "unternehmerischem Gleichgewicht"[205], d.h. einer angemessenen Auslastung der Produktionskapazitäten ("full

---

202 Vgl. hierzu die Ausführungen in Kap. 3.23.
203 Zitiert nach Baumol, W., Economic Dynamics, a.a.O., S. 37 f.
204 Divergenzen zwischen dem 'Gleichgewichtswachstum' und der tatsächlichen Entwicklung sind insbesondere Gegenstand des Problems der 'konjunkturellen Instabilität' (vgl. dazu Kap. 5.2).
205 Harrod, R.F., Dynamische Wirtschaft, a.a.O., S. 108

capacity growth"[206] vollziehen kann. Diese Fortschrittsrate wird von Harrod als "warranted rate of growth" Gw[207] bezeichnet. Sie kann unter der Voraussetzung als eine 'uniforme' Rate angesehen werden, "daß die zugrundeliegenden dynamischen Bedingungen (Wachstumsrate der technischen Neuerungen und der arbeitenden Bevölkerung, Sparquote) sich nicht verändern"[208]. Die Gleichung, in der die dynamischen Elemente eines fortschreitenden unternehmerischen Gleichgewichts miteinander in Beziehung gesetzt werden, läßt sich als Variante der Fundamentalbeziehung (16) darstellen als:

$$Gw \cdot Cr = s \qquad\qquad (18)$$
bzw.
$$Gw = s : Cr \qquad\qquad (18\,a)$$

Die "warranted rate" ist gleich dem realisierten Sparangebot dividiert

---

206 Dieser Begriff wurde von D. Hamberg (Full Capacity versus Full Employment Growth, in: The Quarterly Journal of Economics, Bd. 66 (1962), S.444 ff.) in die wachstumstheoretische Diskussion eingeführt.

207 "The suffix w indicates that the equation defines conditions for a steady rate of growth, or a moving equilibrium", Harrod, R.F., Domar ..., a.a.O., S. 452. Die in der deutsch-sprachigen Literatur für G geläufige Bezeichnung "befriedigende" Wachstumsrate, die ihren Ursprung in der `Übersetzung von Harrods `"Towards a Dynamic Economics" findet, ist insofern irreführend, da sie in erster Linie auf einen psychologischen Tatbestand anspielt. Rose weist darauf hin, daß im Falle eines fortschreitenden unternehmerischen Gleich-gewichts kein Unternehmer 'befriedigt' sein muß, vgl. Rose, K., Wachstums- und Konjunkturtheorie, a.a.O., S. 198. Der Terminus 'gerechtfertigt' (vgl. auch frz.: taux justifié de croissance") ist geeignet, den von Harrod bezeichneten Sachverhalt exakter wiederzugeben: G ist die Rate, die unter den gegebenen Bedingungen das Wachstum in der Form eines fortschreitenden Gleichgewichts 'rechtfertigt'.

208 Zitiert nach Harrod, R.F., Prof. Fellner on Growth..., a.a.O., S. 3.

durch den 'erforderlichen' Kapitalkoeffizienten.[209] wenn hierbei zunächst eine formale Übereinstimmung mit dem Modellansatz von Domar festzustellen ist, so werden dennoch die in beiden Gleichungen aufgestellten Zusammenhänge unter völlig verschiedenen Aspekten beurteilt.[210] Während Domar nach der Höhe der Einkommenszuwachsrate fragt, durch die eine Auslastung der infolge der unternehmerischen Investitionstätigkeit zusätzlich geschaffenen Kapazitäten gewährleistet ist, sieht Harrod den Zusammenhang zwischen Einkommenssteigerung und Nettoinvestition unter dem entgegengesetzten Aspekt, indem er die durch den Einkommenszuwachs ausgelöste Nachfrageausweitung als Orientierungsmaßstab der unternehmerischen Nettoinvestitionspolitik auffaßt.

Harrod gesteht zu, daß er bei der Grundlegung seines Konzepts vom 'moving equilibrium' insofern nachhaltig durch das Keynes'sche Gedankengut beeinflußt worden ist, als sich die Rate Gw bezieht "aux déterminants du niveau de la production globale"[211]. Deshalb liegt der "warranted rate" insbesondere die Vorstellung zugrunde, daß das Niveau der Produktion abhängig ist von den Erwartungen der Unternehmer über die Entwicklung der 'effektiven Nachfrage' und daß ihr Investitionsvorhalten in erster Linie durch Profitstreben motiviert ist. Insofern kann mit Recht behauptet werden, daß die Konzeption des fortschreitenden Gleichgewichts "un essai de 'dynamisation' de la théorie Keynesienne"[212] darstellt.

---

209 Bombach warnt davor, Gleichung (18) derart zu interpretieren, daß eine Erhöhung der Quote der tatsächlichen Ersparnis zu einer höheren Wachstumsrate führen würde. Ebenso gut könne man das Gegenteil behaupten; Vgl. Bombach, G., quantitative und monetäre Aspekte des Wirtschaftswachstums, a.a.O., S. 214, Fn. 2.
210 Vgl. dazu insbes. Harrod, R.F., Domar ..., a.a.O., S. 452.
211 Harrod, R.F., Les Relations ..., a.a.O., S. 358.
212 Ebenda, S. 358. Wenn Harrod sagt: G "zieht – nach der Art von Keynes - wachsende unfreiwillige Arbeitslosigkeit in Betracht" (Harrod, R.F., Dynamische Wirtschaft, a.a.O., S. 108), so bedeutet das jedoch noch nicht, daß es sich nach Eisners Interpretation hierbei

4.22 Zur Frage des Aussagecharakters

Sucht man in Harrods Werk nach einer verbalen Bestimmung der 'warranted rate', so wird man auf eine Fülle von Definitionen und Deutungen mit recht unterschiedlichem Sinngehalt stoßen, ein Umstand, der in Fachkreisen bisweilen zum Gegenstand heftiger Kritik wurde. Nimmt man eine Klassifizierung dieser verschiedenen Interpretationen hinsichtlich ihres Aussagecharakters vor, dann lassen sich deutlich zweierlei Arten von Explikationen unterscheiden:

1. Eine Kategorie von Deutungen, die den rein funktionalen Charakter der 'warranted rate' innerhalb der fundamentalen Beziehung zwischen den dynamischen Determinanten zu kennzeichnen suchen: G ... "is governed by the relation between net investment requirements and saving"; [213] ...ist die Rate, bei der "investment ex post is justified in any period"; [214] "par définition, le taux justifié de croissance est constant" [215].

2. Eine Kategorie von Interpretationen, die eine Reihe von vermeintlichen Hypothesen über das investitionspolitische Verhalten enthalten und gegen die sich in erster Linie die kritischen Anmerkungen richten: G ist die Rate, ... "die, wenn sie praktiziert wird, in den Unternehmern eine geistige Bereitschaft erweckt, einen gleichartigen Fortschritt zu vollführen" [216]; ... "which if it occurs, will leave all parties satisfied". [217]

---

unbedingt um ein Gleichgewicht bei Unterbeschäftigung handelt, Vgl. Eisner, B., Underemployment Equilibrium rate of Growth, in: The American Economic Review, Bd. 42 (1952), S. 46 f. G ist von der Bevölkerungsgröße unabhängig definiert. Der Keynes'sche Fall des Unterbeschäftigungsgleichgewichts tritt bei Harrod nur unter der Bedingung ein, dass Gw unterhalb der 'natürlichen' Wachstumsrate Gn liegt (Vgl. dazu Kap. 5.31).

213 Harrod, R.F., Prof. Fellner on Growth ..., a.a.O., S. 3
214 Ders., Supplement ..., a.a.O., S. 284.
215 Ders., Les Relations ..., a.a.O., S. 358.
216 Ders., Dynamische Wirtschaft, a.a.O., S. 102.
217 Ders., An Essay ..., a.a.O., S. 203.

In einigen Veröffentlichungen, die sich kritisch mit Harrods Konzept der "warranted rate of growth" auseinandersetzen, wird insbesondere der Einwand vorgebracht, daß die Vielzahl von keineswegs sinngleichen Interpretationen geeignet sei, den Aussagewert der "warranted rate" zu beeinträchtigen.[218] In erster Linie sind die kritischen Anmerkungen gegen die zweite Kategorie von Deutungen gerichtet, da angeblich das 'moving equilibrium" durch bestimmte und nicht hinreichend definierte Annahmen über das Unternehmerverhalten charakterisiert sei.[219]

Schelling lehnt eine Interpretation der 'warranted rate', die sich auf das unternehmerische Investitionsverhalten bezieht, ab, wenn er sagt: "We feel that he (Harrod) did go too far in attaching motivational significance to the rate".[220] Rose geht in seiner Kritik so weit, die Deutungen der Rate GW als Leerformeln zu bezeichnen, die auf Grund fehlender operationaler Definitionen empirisch nicht überprüfbar sind,

---

218 Wright weist darauf hin, daß allein in Harrods 'An Essay' "some six independent qualifications regarding the 'warranted rate' " auftauchen; Wright, D., McCord, Mr. Harrod ..., a.a.O., S. 227. Auf diesen Umstand macht auch Rose aufmerksam, Rose, K., Wachstums- und Konjunkturtheorie, a.a.O., S. 198. H. Rose stellt eine Tendenz dahingehend fest, daß die Definitionen von G in Harrod's neueren Veröffentlichungen fast ausschließlich auf den Gleichgewichtscharakter der 'warranted rate' anspielen. Rose, H., The Possibility of Warranted Growth, in: The Economic Journal, Bd. 69 (1959), S. 314 f.
219 Robinson wendet ein: G_W "is the element in his exposition which it makes baffling and mysterious", Robinson, J., Mr. Harrod's ..., a.a.O., S. 243 f. und: Neither argument is at all clearly expained", dies., A Model ..., a.a.O., S. 47; "In particular; " they provide no explanation of investment decisions", Higgins, B., The Theory of increasing Under-employment, in: The Economic Journal, Bd. 60 (1950), S.267.
220 Schelling, T.G., Capital Growth and Equilibrium, in: The American Economic Review, Bd. 37 (1947), S.870

was man jedoch von jeder Theorie verlangen sollte.[221] Mit diesem Einwand wird man Harrod jedoch insofern nicht gerecht, als die einen vermeintlich psychologischen Zustand der Unternehmer beschreibenden Interpretationen keineswegs in der Absicht formuliert wurden, empirisch überprüfbare Hypothesen über den Zusammenhang zwischen Einkommenssteigerung und der unternehmerischen Investitionspolitik aufzustellen.

Die Kritik Roses läßt an dieser Stelle die grundsätzliche Frage darüber aufkommen, welcher Aussagegehalt dem Konzept des 'moving equilibrium' beizumessen ist, und insbesondere, welche Vorstellungen Harrod selbst über die Bedeutung seines dynamischen Modells zum Ausdruck bringt. Das Ziel seiner wachstumstheoretischen Analyse besteht für Harrod in erster Linie darin, "to present e tool of analysis, not to diagnose present conditions"[222]. Sein Modell erhebt somit nicht den Anspruch darauf, den wirtschaftlichen Entwicklungsprozeß in der Realität wiederzugeben, sondern bestimmte notwendige Zusammenhänge zwischen verschiedenen Determinanten einer stetig wachsenden Wirtschaft aufzuzeigen. In sog. 'vollständigen' Modellen ("complete models") wird der Versuch unternommen, unter Zugrundelegung bestimmter Annahmen die Realität möglichst exakt wiederzugeben, jedoch "their logical status is precarious, while mine (Harrods) rests ... on assumptions of the utmost simplicity and generality"[223]. In den Annahmen, auf welchen die einzelnen Determinanten des 'moving equilibrium' basieren, werden demnach "nicht etwa empirische Bedingungen konstatiert, bei deren Vorliegen ein davon unabhängig

221 Vgl. Rose, K., Wachstums- und Konjunkturtheorie, a.a.O., S. 198; ders., Der Erkenntniswert ..., a.a. O., S. 334. Albert zweifelt allerdings daran, "ob eine Theorie dieses Charakters so verwendbar ist, wie Rose anzunehmen scheint", Albert, K., Wachstumsmodelle..., a.a.O., S. 121. Die Frage nach dem empirischen Gehalt der Wachstumsmodelle stellt auch Watrin, C., Modelle und Hypothesen ..., a.a.O., S. 12 ff.
222 Harrod, R.F., An Essay ..., a.a.O., S. 219.
223 Ders., Supplement ..., a.a.O., S. 286.

definiertes Gleichgewichtswachstum eintritt, sondern die logischen Bedingungen eines solchen Wirtschaftsablaufs, ...die logische Grammatik des Ausdrucks 'Gleichgewichtswachstum' ".[224]Nimmt man nun mit Albert an, daß Harrods Wachstumskonzept ausschließlich logische Kategorien zugrundeliegen, so scheint hier der Einwand berechtigt, daß dann seine Fundamentalbeziehung zu einer bloßen Tautologie abgestempelt wird, deren Aussagen unabhängig von jeder Erfahrung immer wahr sind. Als System analytischer Sätze betreffen sie dann aber nicht mehr reale Entwicklungsprozesse, sondern nur logisch mögliche Fälle des Wirtschaftswachstums"[225].

Es entspricht durchaus der Vorstellung Harrods, wenn sein Wachstumsmodell zunächst als rein mathematischer Ausdruck interpretiert wird, dessen Faktoren durch notwendige logische Beziehungen miteinander verknüpft sind. Diese Beziehungen basieren jedoch nicht auf apriorischen Annahmen, da sie in diesem Zusammenhang Leerformeln ohne Informationsgehalt darstellen würden; er verwendet vielmehr Bedingungen von empirischen Gehalt, die notwendig sind, "in the sense that they flow necessarily from postulating certain very general facts in the human situation".[226] Diese Modellaussagen erheben jedoch keinen Anspruch darauf, empirisch überprüft zu werden. Harrod wendet sich in diesem Zusammenhang

---

224 Albert, H., Wachstumsmodelle ..., a.a.O., S. 122. Allerdings macht Albert in einer späteren Veröffentlichung darauf aufmerksam, daß innerhalb der wachstumstheoretischen Diskussion zwar "der Ausdruck 'Bedingungen' keineswegs im zuerst erwähnten empirischen Sinne verwendet wird, sondern in einer Weise, die der zweiten Bedeutung zumindest nahekommt. Das scheint in der Wachstumstheorie sogar normalerweise der Fall zu sein", ders., Modell-Platonismus, in: F. Karrenberg , H. Albert (Hrsg.), Sozial-Wissenschaft und Gesellschaftsgestaltung, Festschrift fur G. Weisser, Berlin 1963. wiederabgedruckt in: H. Albert, Marktsoziologie und Entscheidungslogik, Neuwied 1967, S. 350.
225 Watrin, C., Modelle und Hypothesen..., a.a.O., S. 23
226 Harrod, R.F., Second Essay ..., a.a.O., S. 277.

ausdrücklich gegen den Begriff "Modell" zur Kennzeichnung der Fundamentalbeziehung. Im Hinblick auf den nach seiner Auffassung "äußerst begrenzten Aussagegehalt" derartiger Konstruktionen erklärt er: "Bei der Konzipierung eines Modells werden Gleichungen aufgestellt, die angeblich bestimmte Aussagen enthalten, allerdings können sie uns im allgemeinen keine Informationen erteilen, es sei denn, daß den einzelnen Parametern der Gleichungen genaue Werte (zumindest aber Werte, die sich innerhalb bestimmter Grenzen bewegen) zugeordnet werden können." Die Konstruktion von ökonomischen Modellen erfordert[227] somit eine tiefere Durchdringung empirischer Phänomene. Man wird nach Harrod's Überzeugung aus ihnen jedoch keine generellen Aussagen ableiten können, eine Eigenschaft, die aber gerade seiner Konzeption zukommt. Allgemeingültige Beziehungen dieser Art stellen für ihn ein notwendiges Vorstadium zur Erstellung von Modellen dar.

Die Harrod'sche Interpretation des Modellgedankens entspricht allerdings keineswegs der in der Fachliteratur herrschenden Meinung.[228] Da sich jedoch der Terminus 'Modell' zur Bezeichnung seines Entwicklungskonzepts in der wachstumstheoretischen Diskussion allgemein durchgesetzt hat, soll er auch weiterhin ungeachtet der Bedenken Harrods verwandt werden.

Die Ausgangsgleichungen, die die einzelnen 'notwendigen' Bedingungen des Modells explizieren (wie etwa It = β (Yt - Yt-1) werden bei Harrod nicht etwa als Hypothesen oder Komponenten von Hypothesen behandelt, wie Rose es in seiner Kritik fordert, sondern als an der Realität orientierte Postulate, die eine weitgehende Allgemeingültigkeit

---

227 Zitiert nach Harrod, R.F., Les Relations ..., a.a.O. , S. 361.

228 Es sei hier u.a. auf die Begriffsdefinition bei Friedman hingewiesen (Friedman, M., Essays in Positive Economics, Chicago und London 1964, S. 24 f.): "The model is abstract and complete; it is an 'algebra' or 'logic'" und bezogen auf den konkreten Anwendungsbereich: "The model is the logical embodiment of the half-truth".

und Flexibilität des Modells gewährleisten.[229] Harrod versucht in seinem Modell unter Verwendung allgemeiner empirischer Zusammenhänge darzustellen, unter welchen Bedingungen das wirtschaftliche Wachstum sich stetig im Gleichgewicht vollziehen kann, es läßt sich jedoch nicht notwendig daraus schließen, daß es sich unter diesen Bedingungen realiter so vollziehen wird. Nach der Aufassung Domars hat man in diesem Zusammenhang deutlich zu unterscheiden zwischen 'can-' und 'will-hypotheses': "If income cannot grow at the required rate, it clearly will not. But if it can, there is no assurance that it will"[230].

Domar führt Mißverständnisse hinsichtlich der Interpretation von Wachstumsmodellen im wesentlichen auf die Tatsache zurück, daß diese beiden Aspekte nicht deutlich voneinander geschieden werden. Wenn ein investitionspolitisches Verhalten der Unternehmergesamtheit zur Kennzeichnung der 'wanted rate of growth' in der von Harrod beschriebenen Weise postuliert wird, so ist zwar eine Voraussetzung dafür gegeben, daß sich das "Gesamtsystem im Falle eines Ausgangsgleichgewichts in der Form eines 'moving equilibrium' fortentwickeln kann, jedoch nicht, daß es sich notwendigerweise derartig fortentwickeln wird.

---

229 Watrin zieht als Fazit aus seiner kritischen Analyse der Wachstumsmodelle, "da die neuere Wachstumstheorie offenbar noch nicht das Stadium erreicht hat, in dem sie empirisch relevante Hypothesen aufstellt", Watrin, C., Modelle und Hypothesen ..., S. 27. Rothschild ist der Auffassung, daß, je mehr die Theorie mithilfe derartiger Modellkonstruktionen nach dem 'Prinzip der abnehmenden Abstraktion' einer Beschreibung der Realität näherzukommen versucht, sich drei spezifische Modelleigenschaften um so hinderlicher erweisen werden: 1. Die begrenzte Anzahl der Variablen, 2. Die Vernachlässigung historischer, soziologischer, und institutioneller Tatbestände, 3. Die Prämisse des Vollbeschäftigungsgleichgewichts. Rothschild, K.W., The Limitations of Economic Growth, in: Kyklos, Bd. 12 (1959), S. 568 f.

230 Domar, E., The Problem of Capital Accumulation, in: The American Economic Review, Bd. 38 (1948), S. 782.Vgl. auch S. 784 f.

4.3 Die 'natürliche' Wachstumsrate

4.31 Kriterien und Bedeutungswandel des 'natürlichen' Wachstumskonzepts'

Der Gleichgewichtsbegriff der 'warranted rate of growth', der die wirtschaftliche Entwicklung bei fortschreitenden Gleichgewicht in der unternehmerischen Sphäre beschreibt, dabei zwar normale Kapazitätsauslastung und einen angemessenen Profit garantiert, allerdings die Möglichkeit unfreiwilliger Unterbeschäftigung in Betracht zieht, wird von Harrod ergänzt durch das Konzept der 'natürlichen' Wachstumsrate Gn (= natural rate of growth). Das durch Gn beschriebene Wachstum schließt ex definitione den Zustand der Vollbeschäftigung ein. Gn ist die Rate, die bestimmt wird "by the increase of population, accumulation of capital, technological improvement and the work/leisure preference schedule".[231]

Der Begriff 'natürlich' zur Kennzeichnung eines durch diese Faktoren determinierten Wachstumspfades wird allerdings von einigen Autoren als irreführend bezeichnet. Nach Robinson darf die Rate Gn nicht etwa dahingehend interpretiert werden, daß sie sich automatisch aus dem freien Zusammenspiel ökonomischer Kräfte ergibt. Die Beziehung 'natürlich' hält sie deshalb für ungerechtfertigt, da sich insbesondere der technische Fortschritt nicht natürlich einstellt, sondern weitgehend politischer und institutionaler Einflußnahme unterlegt .[232]

---

231 Harrod, R.F., An Essay ..., a.a.O., S. 216.
232 "In short, Mr. Harrod's G is not a natural datum, but an object for policy and organisation." Robinson, J., Mr. Harrod's ..., a.a.O., S. 248. Ähnliche Bedenken werden von Fellner geäußert. In einer Analyse gelangt er zu dem Ergebnis: "that the natural rate of growth in Mr. Harrod's sense is not a definite magnitude because there exists no such thing as a unique rate of growth made possible by 'natural' factors, vgl. Fellner, W., The Capital-Output ratio in dynamic economics, in: Money, Trade and Economic Growth Essays in Honor of J.H.Williams, New York 1951, S. 113. Forts. Anm. 7. Auf

Das 'natürliche' Wachstum im Harrod'schen Sinne stellt gleichsam die Obergrenze des wirtschaftlichen Fortschritts dar, denn langfristig sind dem System durch die Bevölkerungsentwicklung und dem jeweiligen Stand des technischen Wissens 'natürliche' Grenzen gesetzt. Der durch die Rate Gn beschriebene Pfad ist demnach als maximales Wachstum derart aufzufassen, dass sich die wirtschaftliche Entwicklung in der Abhängigkeit dieser beiden Fortschrittsfaktoren über "unbegrenzte Zeit" nicht schneller vollziehen kann.[233]

Zur Kennzeichnung der natürlichen Wachstumsrate führt Harrod darüber hinaus ein Optimumkriterium an: "If the economy proceeds along the line of natural growth people would be comfortably fully employed"[234]. Optimal im Sinne eines "welfare optimum"[235] vollzieht sich die Entwicklung auf der Linie von Gn dann, wenn einerseits das Postulat der Vollbeschäftigung erfüllt ist, zum anderen die Beschäftigung derart beschaffen ist, daß ein angemessenes, von der arbeitenden Bevölkerung als optimal empfundenes Verhältnis zwischen Arbeit bzw. Lohn und Freizeit besteht. Der Wert von Gn ist damit abhängig von der Zahl derer, die im Arbeitsprozeß stehen, und von der

---

diese kritische Anmerkung Fellners bezieht sich Kurihara, wobei er davon überzeugt ist, daß "had Harrod determined his natural rate precisely by relating it to more determinate 'natural' factors much of its mysterous characters would have disappeared", Kurihara, K.K,, The Keynesian Theory of Economic Development, London 1959, S. 48, Anm. 1

233 Vgl. Harrod, R.F., Dynamische Wirtschaft, a.a.O., S. 109. Kurzfristig, insbesondere in Phasen des konjunkturellen Aufschwungs kann diese Rate übertroffen werden. Robinson bezeichnet G daher als 'maximum feasible' rate of growth", Robinson, J., The Rate of Interest and Other Essays London 1952, S. 160

234 Derselbe, Comment on Pilvin, in: The Quarterly Journal of Economics, Bd. 67 (1953), S. 554.

235 Vgl. ders., Domar ..., a.a.O., S. 455; ders., Prof. Fellner on Growth ..., a.a.O., S. 2.

durchschnittlich erzielten Leistung pro Arbeitsstunde, ausgedrückt in Produkteinheiten.

Die nach Maßgabe der Bevölkerungsvermehrung und des technischen Fortschritts maximal realisierbare Wachstumsrate wird von Harrod somit auch als optimale Wachstumsrate definiert, wobei die Erfüllung der oben aufgeführten Postulate bereits genügt, um für Gn die Bezeichnung "Welfare optimum growth" zu rechtfertigen.[236] Sie gilt als "une sorte d'optimum", "das nicht einer fernen Idealvorstellung entspricht, sondern im Rahmen institutioneller, ökonomischer und politischer Gegebenheiten eines Gemeinwesens in unmittelbarem Zusammenhang mit dem jeweils erreichten Stand der Zivilisation als objektiv realisierbar gelten kann"[237]

Die Größe Cr symbolisiert den Kapitalbedarf, der bei der Anwendung der jeweils neuesten technologischen Erkenntnisse erforderlich ist, um eine wirtschaftliche Entwicklung entlang der Linie des 'natürlichen' Fortschritts Gn zu ermöglichen. Er muß dabei jedoch keineswegs mit dem tatsächlichen Kapitalangebot einer Periode t übereinstimmen, da Gn als unabhängig von der privaten Spareigung definiert ist. Eine Übereinstimmung des Kapitalangebots mit der erforderlichen Nachfrage kann demnach zufällig zustande kommen, sie muß jedoch nicht notwendigerweise eintreten. Die Fundamentalbeziehung, die dem 'natürlichen' Wachstum Rechnung trägt, läßt sich somit wiedergeben als:

$$Gn \ Cr \ = \ \text{oder} \ \neq \ s \qquad\qquad (19)^{238}$$

---

236 "Natural growth ... is conceived as a welfare optimum, in which resources are fully employed and the best available technology used", ders., Second Essay ..., a.a.O., S. 279.

237 Zitiert nach Harrod, R.F., Les Relations...., a.a.O., S. 358

238 Ders., Towards a Dynamic Economics ..., a.a.O., S. 87. Die Darstellung in der deutschen Ausgabe ist insofern irreführend, da der theoretisch denkbare Fall einer zufälligen Übereinstimmung von Angebot und Nachfrage in der Beziehung $G_n \ C_r \neq s$ unberücksichtigt bleibt (vgl. Dynamische Wirtschaft, S.108).

Wie aus seinen wachstumstheoretischen Veröffentlichungen seit der Mitte der 50-er Jahre zu ersehen ist, beginnt Harrod etwa von diesem Zeitpunkt an sein theoretisches Interesse von einer Untersuchung der Voraussetzungen eines gleichgewichtigen Wachstums, bei der die private Sparneigung das Tempo der wirtschaftlichen Entwicklung determiniert, merklich abzuwenden. Die Wachstumsrate Gn wurde ursprünglich lediglich als langfristig realisierbare 'natürliche' Obergrenze des 'moving equilibrium' für den Vollbeschäftigungsfall interpretiert. Er richtet stattdessen sein Augenmerk in zunehmendem Maße auf eine Analyse der Bedingungen des 'Welfare optimum growth'.[239] Diese Akzentverschiebung resultiert aus der für Harrod zwingenden Erkenntnis, daß der Umfang des tatsächlichen Sparvolumens im Hinblick auf die Erzielung eines langfristig größtmöglichen Wirtschaftswachstums nicht der zufälligen Entwicklung überlassen werden kann. Es kommt hierbei der wirtschaftspolitischen Führung eines Gemeinwesens die notwendige Aufgabe zu, mit der ihr insbesondere im Rahmen des finanzpolitischen Instrumentariums zur Verfügung stehenden Mittel die privaten Sparintentionen dahingehend zu beeinflussen, daß die gesamtwirtschaftliche Sparrate dem im Sinne von Gn optimalen Kapitalangebot entspricht. Die Realisierung der 'optimalen' Sparrate wird aus dieser nicht zu einem 'Erfordernis'.[240] Entsprechend gilt für das 'Welfare optimum'-Wachstum die Beziehung:

$$sr \quad = \quad Gn \ Cr \qquad\qquad (19a)$$

Die Sparneigung ist in diesem Zusammenhang nicht mehr als endogene Variable definiert; als "social requirement"[241] erkannt, unterliegt sr weitgehend der wirtschaftspolitischen Einflußnahme. Die im Rahmen

---

239 dieser Umstand wird von Harrod damit begründet, daß "for some time now I have come to consider my concept of a 'natural' rate of growth (G) as more important". Harrod, R.F., Are Monetary.?., a.a.O., S. 905.

240 The fraction of income to be saved becomes a desideratum s_r ". Ders., Second Essay ..., a.a.O., S. 285.

241 Ebenda, S. 286.

der Wirtschaftspolitik zu treffenden Maßnahmen müssen folglich darauf gerichtet sein, das Sparangebot auf die Kapitalnachfrage abzustimmen, die sich bei bestmöglicher Ausnutzung der Technik einstellt. Harrod gesteht allerdings ein, daß das Konzept der 'natürlichen' Wachstumsrate deshalb unbefriedigend ist, weil in ihm prinzipiell nichts über das Verhalten des Zinses ausgesagt ist; schließlich ist es sogar zweifelhaft, ob Gn überhaupt bestimmt werden kann, wenn nicht die Höhe des Zinses festliegt.[242] Um diesen Mangel zu beseitigen, entwickelt er in seinem Second Essay eine sog. 'second fundamental equation', in der die Interdependenzen zwischen dem 'natürlichen Wachstum' und dem Zinsfuß einer Volkswirtschaft aufgezeigt werden.

4.32 Harrod's Second Fundamental Equation

In einigen neueren Beiträgen zur Wachstumstheorie wird der Versuch unternommen, das theoretische Gedankengut hinsichtlich seiner Ansätze und analytischen Methoden in ein Klassifikationsschema einzuordnen. So unterscheidet z.B. Oppenländer[243] von der 'angebotsorientierten' Wachstumstheorie, zu welcher er den Modellansatz von Domar und insbesondere die neoklassische Variante zählt, die 'nachfrageorientierte' Variante, der u.a. die Modelle von Hicks und Harrod zugeordnet werden.

Wenn zwar einerseits die Theorie des gleichgewichtigen Wachstums,

242 Harrod, R.F., Prof. Fellner on Growth ..., a.a.O., S. 3

243 Oppenländer, K., Ordnungspolitische und analytische Probleme des Wirtschafts-wachstums, in: Ifo-Studien , 5. Jg., Berlin, München 1959, S. 192 ff., vgl. auch ders., Die moderne Wachstumstheorie ..., a.a.O., S. 243 ff. Siehe zu diesem Problemkreis auch Hamberg, D. und Schultze, C.L., Autonomous versus Induced Investment ..., a.a.O., S. 59. Harrod's Modell wird hier als vorwiegend nachfrageorientiert bezeichnet, "but it is implicitly a kind of supply equation as well", dagegen "The Domar-type model looks at the growth problem exclusively from the supply side of things".

wie sie von Harrod bis zum Ende der 50-er Jahre konzipiert wurde, dieser Terminologie entsprechend als nachfrageorientiert bezeichnet werden kann, so trifft diese Typisierung jedoch für die Vorstellungen, die er im Second Essay und den späteren Veröffentlichungen entwickelte, nicht mehr zu. In diesen Darstellungen überwiegen Elemente, die als vorwiegend angebotsorientiert charakterisiert werden müssen. (In den Vordergrund seiner Erörterungen stellt er hier das Problem der Bestimmung eines optimalen Kapitalangebots als Voraussetzung des 'Welfare optimum growth'). In diesem Sinne äußert sich Harrod, wenn er sagt: "In a certain sense the equation in the previous article[244] may be regarded as a dynamic analogue of the static law of demand; if it is allowed, the equation in this article may be regarded as an analogue of the static law of supply"[245]. Nicht die Berücksichtigung einer dieser beiden Komponenten, sondern letztlich die Synthese aus der Angebots- und der Nachfrageseite kann nach seiner Auffassung im Rahmen einer Analyse der Determinanten des wirtschaftlichen Wachstums zu einem befriedigenden Ergebnis führen.[246]

Bereits in der "Dynamischen Wirtschaft" finden sich Ansätze zu einer Theorie des Sparangebots, die auf der Grundlage von Ramsey's "A Mathematical Theory of Saving" entwickelt wurde.[247] Allerdings hielt er sie zu dem Zeitpunkt im Hinblick auf eine theoretische Erfassung der Angebotsseite seines „Wachstumsmodells insofern für unbrauchbar, da Ramsey's Konzept in der Hauptsache dem Bereich der statischen Theorie zuzuordnen ist. Darüber hinaus bestand für Harrod kein Zweifel darüber, "that no precise theory could be based on such vague psychological speculations".[248]

Während er in der 'Dynamischen Wirtschaft' bei seinen Erörterungen

---

244 Gemeint ist sein Aufsatz "An Essay in Dynamic Theory".
245 Harrod, R.F., Second Essay ..., a.a.O., S. 277.
246 Vgl. hierzu auch Black, J., Inflation and Long-run Growth, in: Economica, N.S., Vol. 26 (1959), S. 145
247 Vgl. auch Kap. 3.122
248 Harrod, R.F., Second Essay ..., a.a.O., S. 280.

über die Determinanten des Sparangebots von der Annahme Ramseys ausging, "daß man einen Überblick über seine wahrscheinlichen Einnahmen und Ausgaben für alle künftigen Jahre besitzt"[249], macht Harrod darauf aufmerksam, daß innerhalb seiner, im folgenden zu erörternden Konzeption der optimalen Sparrate sämtliche Bestimmungsgrößen auf Zeitpunkt bezogen sind. Zunächst greift er bei seinen Überlegungen auf die im 'supply of saving' von ihm entwickelte individuelle Einkommensnutzenfunktion zurück, deren dynamischen Charakter er für unbestritten hält:

$$u\,(C\,0) = RT \cdot u\,(C\,1) \tag{20}$$

Der Grenznutzen des Konsums eines Individuums im Jahre 0 ist gleich dem Grenznutzen des Konsums im Jahre 1 multipliziert mit dem Produkt aus der Zeitpräferenz T und dem Zinsfaktor R. Die durchschnittliche Elastizität der Einkommensnutzenkurve ist definiert als:

$$e = \frac{C_1 - C_0}{C_1} : -\frac{u(C_1) - u(C_0)}{u(C_1)} \tag{21}$$

Da $(C1 - C\,0) : C1$ als Wachstumsrate des individuellen Konsums, $G(con)$ bezeichnet werden kann, gilt:

$$e = G_{(con)} : \left[-\frac{u(C_1) - u(C_0)}{u(C_1)} \right] \tag{21a}$$

bzw.:

$$e = G_{(con)} : \left[-\frac{u(C_1)}{u(C_1)} + \frac{u(C_0)}{u(C_1)} \right] \tag{21b}$$

Aus Beziehung (20) folgt für $u(C0) : u(C1) = RT$; die Kombination von

---

249 Harrod, K.F., Dynamische Wirtschaft, a.a.O., S. 60

(20) und (21b) ergibt somit:

$$e = G(con) : (-1 + RT) \qquad (22)$$

oder:

$$RT - 1 = G(con) : e \qquad (22a)$$

Unter Berücksichtigung der Harrod'schen Prämissen führt eine konstante Sparquote zu stetigen Einkommenszuwächsen. Einer Einkommenssteigerung wird demnach eine proportionale Konsumausweitung gegenüberstehen, so daß gilt: G = G(con). Mithin läßt sich formulieren:

$$RT - 1 = G : e \qquad (22b)$$

"This equation defines the equilibrium behavior for an individual, if we abstract from his employment pattern ... and assume a constant rate of growth of his income".[250] Harrod nächster Schritt besteht darin, die individuelle Verhaltensgleichung (22b) in eine Beziehung umzuwandeln, die für eine Volkswirtschaft als repräsentativ angesehen werden kann. Wird e als gewogener Durchschnitt interpretiert, so tritt anstelle der Wachstumsrate des Individualeinkommens, G, die durchschnittliche Einkommenszuwachsrate pro Kopf, pcG, die sich aus der Division der aggregierten Einkommenssteigerung durch die Wachstumsrate der arbeitenden Bevölkerung, Gpop ergibt. Wird ebenso der Zeitpräferenzfaktor T als gewogenes Mittel angenommen, so gilt:

$$RT - 1 = pcG : e \qquad (22c)$$

Den Übergang zur 'Welfare optinum rate' vollzieht Harrod durch die Überlegung, daß im Falle des natürlichen Wachstums keine Zeitpräferenz vorliegen darf (so daß T = 1). Da für den Zinsfaktor R = 1 + r gilt, ergibt sich für den natürlichen, der Wachstumsrate Gn entsprechenden Zinssatz rn:

---

250 Harrod, R.F., Second Essay ..., a.a.O., S. 282.

$$r\,n = \text{pcGn} : e \qquad (23)$$

oder:

$$r\,n = \text{Gn} : e \,/\, \text{Gpop} \qquad (23a)$$

Gn und e sind exogen bestimmt, jedoch räumt Harrod ein, daß Gn bis zu einem gewissen Grade von rn abgängig ist.

$$\text{pcGn} = f(r\,n) \qquad (24)$$

A priori ist keine Aussage darüber möglich, in welcher Weise beide Größen miteinander korrelieren. Es wäre beispielsweise unrichtig, (24) so zu interpretieren, daß notwendigerweise eine negative Korrelation zwischen der Wachstumsrate Gn und dem Zinssatz rn besteht, obwohl diese These aus verschiedenen Gründen plausibel erscheinen mag.[251] Eine hohe Wachstumsrate kann nach Harrods Auffassung durchaus von einem hohen Zinssatz begleitet sein.[252] Wie sich eine Zinsänderung jedoch letztlich auf Gn auswirken wird, ist vom Charakter der technischen Neuerungen abhängig. Während Harrod's 'Second Fundamental Equation' in Fachkreisen zwar auf eine geringere Resonanz als seine erste dynamische Gleichung stieß, so wurden dennoch von mehreren Autoren verschiedene Einwände gegen sie erhoben, was Harrod insbesondere dazu veranlaßte, seine Konzeption

---

251 Vgl. Harrod, R.F., Second Essay ..., S. 283; Harrod gesteht jedoch später zu, (Vgl. ders., Themen ..., a.a.O., S. 405 f.), daß seine Argumentation, mit der er diese These ad absurdum zu führen versuchte, nicht recht überzeugen konnte.

252 Auch Bombach gelangt auf Grund theoretischer Überlegungen, die er durch empirische Beispiele zu erhärten versucht, zu der Auffassung, daß sich ein schnelles Wachstum mit relativ hohen Zinssätzen vereinbaren läßt, vgl. Bombach, G., Zins und wirtschaftliches Wachstum in: Weltwirtschaftliches Archiv, Bd. 96 (1966 I) S. 250.

in einer späteren Veröffentlichung zu revidieren.[253] Die kritischen Anmerkungen richten sich in erster Linie gegen die Größe 'e', die sich in ihrer Eigenschaft als dynamische Determinante auf Grund der schwierigen statistischen Berechnung bereits in der 'Dynamischen Wirtschaft' als höchst problematisch erwies.[254] Auch im Hinblick auf die modifizierte Definition von 'e' als gewogener Durchschnitt gesteht Harrod zwar ein, daß sich eine exakte Messung nicht durchführen lasse[255], das aber bedeute keineswegs, daß die Größe 'e' als unbrauchbar abzulehnen sei, denn prinzipiell lasse sich ihr Wert ermitteln.[256]

In seinen "Themes" weist Harrod darauf hin, daß auf Grund von empirischen Untersuchungen für 'e' ein Wert von ca. 0,5 festgestellt worden sei. Er zeigt sich allerdings über die geringe Höhe des ermittelten Wertes für den Kapitalmarktzins überrascht, da er weit unterhalb der als wahrscheinlich anzunehmenden Profitrate liegt.[257] Er bezweifelt, daß die Diskrepanz zwischen beiden Raten in einem marktwirtschaftlichen System ausschließlich dem Risikofaktor

---

253 Vgl. Harrod, R.F. Themes ..., a.a.O., S. 401 ff.

254 Vgl. ders., Dynamische Wirtschaft, a.a.O., S. 59 f. Harrod schlägt als Maßeinheit für 'e' vor: "das verhältnismäßige Wachstum der insgesamt täglich gezahlten Löhne dividiert durch das verhältnismäßige Wachstum des Satzes der Prämienlohnzahlung".

255 Vgl. ders., Second Essay ..., a.a.O., S. 283 f.

256 Vgl. ders., A Reply to Mr. Bilkey, in: The Economic Journal, Bd. 72 (1962), S. 1009; ders., Themes ..., a.a.G., S. 408. Allerdings wendet Bilkey demgegenüber ein, daß 'e' nicht hinreichend definiert sei und infolgedessen mehrere Interpretationen zulasse, vgl. Bilkey, W.J., A Note Regarding the e in Harrod's Second Fundamental Equation, in: The Economic Journal, Bd. 72 (1962), S. 1005 ff., De Graaf geht in seiner Kritik so weit, das Konzept von 'e' und damit die '2. Fundamentalbeziehung' wegen mangelnder Realitäts- bezogenheit abzulehnen. Siehe De V. Graaf, J., Sir Roy Harrod's Second Essay, in: The Economic Journal, Bd. 70 (1960), S. 850 f.

257 Vgl. Harrod, R.F., Themes .., a.a.O., S. 408; ders., Are Monetary ..., a.a.O., S. 912

zugeschrieben werden kann. Vielmehr dürfte diesen Umstand eine Erklärung darin finden, daß eine höhere Produktivität aus der Kombination bzw. dem Zusammenwirken von Kapitalmitteln und effizienter Unternehmertätigkeit resultiert als aus der Summe beider Faktoren, jeweils isoliert betrachtet.[258] Ein weiterer Einwand de Graaf's richtet sich dagegen, daß in der 2. Fundamentalbeziehung (23) bei stetigem Wachstum von der Gleichheit zwischen der Zuwachsrate des Konsums und der des Einkommens ausgegangen wird, obwohl die Größe 'e' lediglich auf den Konsum bezogen ist.[259] Harrod gesteht zu, daß die Annahme Gn = Gcon und damit = Gi (Wachstumsrate der einkommensinduzierten Investitionen) nicht aufrechterhalten werden kann[260], da in ihr ein konstantes Kapital-Ausstoß-Verhältnis impliziert

---

258 Vgl. Harrod, R.F., Themes ..., a.a.O., S. 409. Durch Harrod angeregt führt Bombach in diesem Zusammenhang weitere Hypothesen an, die möglicherweise zu einer Erklärung dieses Phänomens beitragen können. Allerdings weist er darauf hin, daß die Theorie über das Investitionsverhalten in einer modernen Wirtschaft, die heute weitgehend durch das Managertum geprägt ist, noch zu wenig entwickelt ist, um hierfür eine hinreichend fundierte Erklärung bieten zu können. Vgl. Bombach, G., Zins ..., a.a.O. S.231.

259 Vgl. De V. Graaf, J., Sir Roy Harrod's ..., a.a.O, S. 850; siehe dagegen Harrod, R.F., Comment on De Graaf's Note, ebenda, S. 851.

260 Von Weizsäcker versucht in seiner Dissertation im Rahmen einer statischen Vergleichsanalyse nachzuweisen, daß die 'natürliche' Zinsrate rn (bzw. in) auf der Grundlage der Konzeption Ramsey's nicht einem Optimum im Sinne eines maximalen Konsums entsprechen kann, vgl. v. Weizsäcker, C.C., Wachstum, Zins und optimale Investitionsquote, = Veröffentlichungen der List-Gesellschaft e.V., Bd. 26, Basel 1962, S. 73 f. Bombach kritisiert, daß Harrod im Hinblick auf G bereits von einem 'Welfare optimum' spricht, jedoch sei damit "das Problem der Konsummaximierung noch nicht gelöst, weil unendlich viele Investitionsverhalten zum gleichen Globalwachstum führen", Bombach, G., Art. Wirtschaftswachstum, a.a.O., S. 793; vgl. ders., Optimales

ist, so daß für den 'natürlichen' Zins (in) lediglich die Beziehung gilt:

$$in = pcGcon \, n \, : \, e \qquad (25)$$

Es gelingt ihm, diese Einschränkung aus seiner Konzeption herauslösen, indem er unterstellt, daß sich alle drei Raten unterschiedlich entwickeln können. Ihren mathematisch formalen Ausdruck findet diese Annahme auf der Grundlage der Keynes'schen Bestimmungsgleichung $Y = C + I$ in der Beziehung;

$$w1 \cdot Gcon = (w1 + w2) \cdot Gn - w2 \cdot Gi \qquad (26)$$

wobei w1 und w2 Gewichte von Gcon und Gi darstellen.[261] Wenn Gn zwar zunächst als exogene Größe konzipiert wurde, so setzt sich bei Harrod die Auffassung durch, daß ihr Wert ebenso wie Gcon, als teilweise von Cr abhängig angenommen werden muß, Für das Wachstum des Konsum pro Kopf der im Arbeitsprozeß befindlichen Bevölkerung gilt entsprechend:

$$pwcG(con) \, n \, = \, f(Cr) \qquad (27)$$

Durch die Einführung des Faktors b[262] kann Gcon auf den laufenden Altersdurchschnitt bezogen werden:

$$pwcG(con) \, n \, = \, b \cdot f(Cr) \qquad (27a)$$

Aus (25) und 27a) folgt:

$$r \, n \, = \, b \cdot f(Cr) \, : \, e \qquad (28)$$

Wachstum und Gleíchgewichtswachstum, in: Schriften des Vereins für Socialpolitik, N.F., Bd. 27 (1962), S. 57.
261 Vgl. Harrod, R.F., Themes ..., a.a.O., S. 405.
262 Das von Harrod für diesen Tatbestand verwandte Symbol "k" wird hier geändert, um eine Verwechslung mit den die autonomen Investitionen bezeichnenden Faktor "k" auszuschließen.

Wird nun unterstellt, was auf Grund der im 'Second Essay' geäußerten Bedenken keineswegs als uneingeschränkt gelten kann -, daß Gn mit zunehmendem Cr wächst, so läßt sich (28) in Verbindung mit der Beziehung:

$$Cr = f(rn) \hspace{4cm} (29)^{263}$$

in der folgenden graphischen Darstellung wiedergeben.

Das Schaubild kann nach Harrods Auffassung in gewisser Hinsicht als dynamisches Angebots-Nachfrage-Diagramm (folgende Seite) interpretiert werden: "The upward-sloping curve shows the dependence of the rate et interest at which capital disposal ought to be supplied upon the growth of consumption per caput, while the downward-sloping curve shows the dependence of the demand for capital disposal on the rate of interest"[264]. In dem Schnittpunkt beider Kurven sind die Voraussetzungen für eine dem optimalen Wachstum in der Form von Gn entsprechende Übereinstimmung von Kapitalnachfrage und -angebot gegeben. Jedoch darf die theoretische Bedeutung dieser Darstellung innerhalb der Wachstumskonzeption Harrods nicht überschätzt werden, da er auch in seinen jüngsten Veröffentlichungen den Einfluß der Zinsrate auf den erforderlichen Kapitalkoeffizienten für relativ unbedeutend hält,[265] und sich darüber hinaus in seinem dynamischen Konzept keine Ansatzpunkte für einen Anpassungsmechanismus zwischen dem 'erforderlichen' Sparen und der Investition über den Zins ergeben.[266]

---

263 Über die Zinselastizität des Kapitalkoeffizienten äußert sich Harrod allerdings skeptiseh (vgl. Kap. 5.421)

264 Harrod, R.F., Themes..., a.a.O. S. 406

265 Vgl. u.a. Harrod, R.F., Are Monetary ..., a.a.O., S. 911.

266 I have nothing to offer towards the dynamic theory of an equilibrium rate of interest, in the sense of one that tends to get established under the operation of natural forces, ders., Themes ...., a.a.O. S. 407

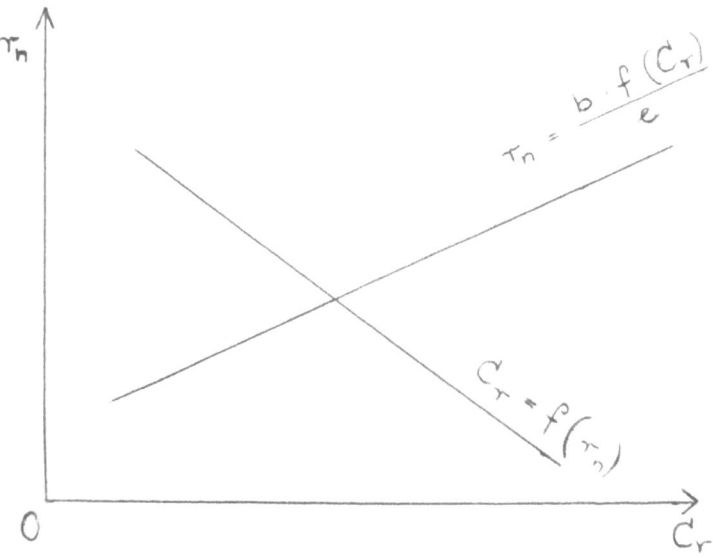

5. Das Instabilitätstheorem

5.1 Die Grundbedingungen des gleichgewichtigen Wachstums

Harrod will seine drei Wachstumsgleichungen (16), (18) und (20) als 'tool of analysis' verstanden wissen, mit deren Hilfe er gleichermaßen kurzfristige und langfristige Entwicklungstendenzen einer Volkswirtschaft zu erklären versucht.

In diesem Zusammenhang ist für ihn die Frage von zentraler Bedeutung, ob eine Wahrscheinlichkeit dafür besteht, daß sich das Wirtschaftswachstum in der Form eines 'moving equilibrium' vollzieht, insbesondere aber, ob dem System Kräfte innewohnen, die bei einer zufälligen Abweichung vom Gleichgewichtspfad die wirtschaftliche Entwicklung wieder zum Gleichgewicht hintendieren lassen. Harrod unterscheidet in diesem Zusammenhang zwei Gleichgewichtskonstellationen, das konjunkturelle und das säkulare Gleichgewichtswachstum.

Das Stabilitätsproblem der konjunkturellen Entwicklung stellt sich aus der Sicht Harrods wie folgt: "Wenn die Wachstumsrate, die aus den zusammengefaßten individuellen Entscheidungen, die auf Prüfung und Irrtum gegründet sind, resultiert, von der Wachstumsrate verschieden ist, die von den gegebenen Grundbedingungen gefordert wird, gibt es dann Kräfte, die darauf gerichtet sind, diese Rate zu korrigieren und sie mit dem Wachstum in Einklang zubringen, das von den gegebenen Grundbedingungen gefordert wird."[267] Im konjunkturellen Gleichgewicht befindet sich eine Wirtschaft dann, wenn der durch die Rate Gw beschriebene Wachstumspfad mit der tatsächlichen Entwicklung (G) übereinstimmt. Das ist offenbar dann der Fall, wenn die zur Fortführung des Wachstums Gw erforderliche Kapitalausstattung Cr der tatsächlichen (C) entspricht. Gleichgewichtskriterium ist demnach die Bedingung C = Cr. Das Wachstum bei konjunkturellem Gleichgewicht garantiert zwar eine gewisse Vollauslastung der unternehmerischen Kapazitäten, schließt allerdings das Auftreten unfreiwilliger Unterbeschäftigung nicht aus.

Eine Variante des 'moving equilibrium' ist dadurch gekennzeichnet, daß sie einerseits dem Postulat der Vollbeschäftigung genügt und andererseits die Bedingungen des 'unternehmerischen Gleichgewichts' erfüllt. Ein gleichgewichtiges Wachstum in diesem Sinne liegt dann vor, wenn alle drei Fortschrittsraten in ihrer Höhe übereinstimmen (G = Gw = Gn). Das "optimale" Wachstum stimmt in dem Fall mit der tatsächlichen Entwicklung überein. Als Gleichgewichtskriterium tritt hier die Bedingung s = s r hinzu.

5.2 Die Instabilität des konjunkturellen Gleichgewichtspfades

Harrod ist nun der Auffassung, daß beide oben gekennzeichneten Gleichgewichtssituationen als rein zufällig angesehen werden müssen. während in der statischen Theorie in vielen Fällen die Tendenz zu einem stabilen Gleichgewicht festgestellt werden kann, erweist sich das

---

267 Harrod, R.F., Dynamische Wirtschaft, a.a.O., S. 96.

dynamische Gleichgewicht im Sinne Harrods als höchst instabil.[268] Er weist mit Nachdruck darauf hin, daß sich das Phänomen der Instabilität sowohl auf das konjunkturelle als auch auf das säkulare Gleichgewichtswachstum bezieht und auf jeweils unterschiedliche Ursachen zurückgeführt werden kann.[269]

Die konjunkturelle Instabilität äußert sich in Abweichungen des 'actual growth' von der 'warranted rate of growth'. Da die tatsächliche Wachstumsrate gewissermaßen durch 'trial and error' einer großen Anzahl von Menschen bestimmt wird, zeigt sie offenbar keine Tendenz zu einer Übereinstimmung mit der 'warranted rate'. Das Vorhandensein zentrifugaler Kräfte um den durch Gw beschriebenen Wachstumspfad führt im Falle einer Divergenz zwischen G und Gw zu kumulativen Aufwärts- bzw. Abwärtsbewegungen. Schreitet beispielsweise das tatsächliche schneller als das 'befriedigende' Wachstum voran, so zeichnet sich eine Tendenz dahingehend ab, daß "G instead of returning to Gw, will move further from it in an upward direction, and the further it diverses, the greater the stimulus to expansion will be"[270].

Die Instabilität des Gleichgewichtspfades Gw liegt in einem Paradoxon begründet, das auf den oben untersuchten Annahmen Harrods über das unternehmerische Investitionsverhalten fußt. Bleibt die tatsächliche Wachstumsrate G während einer Periode hinter Gw zurück, so werden die Unternehmer eine zu geringe Auslastung ihrer Kapazitäten feststellen. Angesichts der Bildung von ungeplanten Investitionen während der Periode t werden sie in der Periode t + 1 eine Kürzung der

---

268 Vgl. Harrod, R.F., Comment on Pilvin, a.a.O., S. 553

269 Siehe hierzu Ders., Dynamische Wirtschaft, a.a.O., S. 113, vgl. auch S. 108. Bombach macht darauf aufmerksam, daß beide Varianten des Instabilitätstheorems in der Literatur häufig nicht sauber auseinandergehalten werden, vgl. Bombach, G., Art. Wirtschaftswachstum, a.a.O., S. 778. Vgl. auch Hahn, F.H., Matthews, R.C.O., The Theory of Economic Growth, a.a.O., S. 805, Anm. 2

270 Harrod, R.F., An Essay ..., a.a.O., S. 209

Nettoinvestitionen um den Betrag vornehmen, den sie während der Periode t glauben zuviel investiert zu haben. Über den Multiplikatorprozeß wird das jedoch zu einer weiteren Abnahme der Gesamtnachfrage führen. Die tatsächliche Entwicklung hat damit die Tendenz, sich weiter vom 'unternehmerischen' Gleichgewicht zu entfernen. Zur Wiederherstellung dieses Gleichgewichts hätten sie statt der Kürzung der Nettoinvestitionen diese ausweiten müssen.

Übersteigt G den Gleichgewichtspfad Gw, so wird sich das Gesamtsystem kumulativ 'nach oben' hin entwickeln. Die vorhandenen Kapazitäten werden von den Unternehmern als zu gering empfunden, um die infolge G › Gw überproportional gestiegene Gesamtnachfrage zu befriedigen. Entsprechend werden diese in der Periode t + 1 ihre Kapazitäten ausdehnen, auf Grund dessen sich G weiter über Gw hinaus entfernen wird. Anstelle einer Ausdehnung der Investitionstätigkeit hätten sie durch eine entsprechende Einschränkung das Unternehmergleichgewicht wiederherstellen können.

5.3 Ungleichgewichtstendenzen in der langfristigen Wirtschaftsentwicklung

Während sich die Instabilität des fortschreitenden Gleichgewichts Gw für Harrod in erster Linie als ein konjunkturtheoretisches Problem stellt, rückt die These von der 'säkularen' Instabilität in den Mittelpunkt seiner wachstumstheoretischen Analyse. Er weist jedoch darauf hin, daß die Wachstumstheorie nicht völlig vom Konjunkturproblem abstrahieren kann, da sich beide Sphären miteinander überschneiden und die einzelnen Phänomene der wirtschaftlichen Entwicklung sich deshalb oft nicht mit Sicherheit den konjunkturtheoretischen oder aber der langfristigen Analyse zuordnen lassen.[271] In seiner 'dynamischen Wirtschaft' unternimmt er zwar den Versuch einer gesonderten Erörterung beider Bereiche, wobei es ihm jedoch nicht gelingt, das Wachstumsproblem unter Ausklammerung kurzfristiger Einflüsse zu

---

271 Vgl. Harrod, R.F., Prof. Fellner an Growth....,a.a.O., S. 6 f.

behandeln.[272] In einer späteren Veröffentlichung gelangt er zu der Auffassung, "that the integration ot growth theory with cycle theory is a virtue".[273]

Unter optimaler Ausnutzung der 'natürlichen' Ressourcen wird sich eine Volkswirtschaft nach Harrod dann gleichgewichtig fortentwickeln, wenn alle drei Wachstumsraten in ihrer Höhe übereinstimmen. Da das natürliche 'Wachstum Gn jedoch ebensolchen "centrifugal forces" wie der Pfad Gw ausgesetzt ist, wird eine zufällige Abweichung der Rate Gw, die das unternehmerische Gleichgewicht realisiert, zu einer Störung des 'natürlichen' Gleichgewichts führen und infolgedessen kumulative Aufwärts- und Abwärtsbewegungen einleiten. Die Ursache dieser Instabilität liegt nicht in dem typischen Investitionsverhalten der Unternehmer wie im Falle des konjunkturellen Ungleichgewichts, sondern in Divergenzen der tatsächlichen von der erforderlichen Sparrate begründet.[274]

5.31 Die 'dynamisierte' Version des Keynes'schen Stagnationsgedankens

Übertrifft die tatsächliche Sparrate die 'erforderliche' bzw. optimale Sparrate, so liegt die 'warranted rate of growth' oberhalb der Rate Gn. Da aber der Durchschnittswert von G, der 'tatsächlichen' Wachstumsrate, während einer Periode den Wert von Gn nicht übersteigen kann, wird G - so folgert Harrod - langfristig auch unterhalb von Gw liegen. Der erforderliche Kapitalkoeffizient wird infolgedessen niedriger sein als C. Die effektive Nachfrage bleibt in diesem Falle hinter dem durch Gn postulierten Optimum zurück,

---

272 Ders., Dynamische Wirtschaft, a.a.O., S. 96 f.
273 Ders., Prof. Fellner an Growth.....,a.a.O., S. 6 f.
274 "Indeed, the fact that the 'warranted' rate of growth may not be equal to the 'natural' rate depends precisely on the assunption that private motives may not yield the amount of saving that complies nicely with the needs of the society." Harrod, R.F., Second Essay ..., a.a.O., S. 279.

während sich das Wachstum der Produktionskapazitäten über-proportional entwickelt. Unter dieser Voraussetzung ist für eine Volkswirtschaft eine chronische Neigung zur Unterbeschäftigung gegeben, was nach Harrods Auffassung insofern zunächst paradox erscheint, da man annehmen könnte, daß die Bereitschaft der Unternehmer, eine Kapitalausstattung anzustreben, die über den durch die 'natürlichen' Daten einer Volkswirtschaft fixierten Wert hinausgeht, sich auf die wirtschaftliche Entwicklung positiv auswirken müßte.

Harrod bezeichnet diesen Fall als 'die dynamische Version des Keynes'schen Konzepts der säkularen 'Stagnation'. Entsprechend der Keynes'schen Auffassung wird in dieser Situation das Sparen, welches das 'erforderliche' Maß übersteigt, zu einer Kraft, die das System zur Stagnation hintendieren läßt. Allerdings mündet die Entwicklung bei Harrod nicht in einen Zustand permanenter Stagnation. Vielmehr wird die langfristige Depressionsperiode gefolgt von einer chronischen Inflationstendenz. In diesem Zusammenhang weist Harrod darauf hin, daß möglicherweise die Schwankungen des Kondratieff-Zyklus durch Abweichungen der 'warranted rate' von der 'natural rate' erklärt werden können.[275] Jedoch wird von Stolper gegenüber dieser Vorstellung zurecht Kritik erhoben, wenn er äußert, "... it is difficult to see how we would get very great fluctuations".[276] In Harrods Modellkonzeption sind keine endogenen Kräfte enthalten, die die kumulativen Expansions-bzw. Kontraktionsprozesse zur Umkehr bringen können.[277]

5.32 Die Tendenz zur chronischen Inflation

Die Tendenz einer Wirtschaft zu einer permanenten Inflation wird von

---

275 Vgl. Harrod, R.F., Prof. Fellner on Growth ..., a.a.O., S. 3; vgl. dazu auch die Analyse von Green, H.A.J., Growth Models, Capital and Stability, in: The Economic Journal, Bd. 70 (1960), S. 73.

276 Stolper, W.F., Some Notes in Harrod's Dynamic Economics, in: Schweizerische Zeitschrift für Nationalökonomie und Statistik, 88. Jg. (1952), S. 421.

277 Vgl. Bombach, 6., Art. Wirtschaftswachstum, a.a.O., S. 780.

Harrod durch das Übersteigen der 'natural rate' über die 'warranted rate' erklärt. Die Ursache hierfür sieht er darin, daß die private Sparneigung ständig unter den zur Realisierung des 'natürlichen' Wachstums erforderlichen Maß liegt (s < sr). "Wenn nun Gn größer wird als G, gibt es keinen Grund, warum G nicht für die längste Zeit größer sein sollte als Gw"[278], d.h. also Gw < G < Gn. In dieser Situation wird die wirtschaftliche Entwicklung sich über einen längeren Zeitraum hinweg an der Vollbeschäftigungsgrenze vollziehen. Das schließt jedoch nicht aus, daß temporäre Überbeschäftigungserscheinungen auftreten.

Dem Konzept der säkularen Inflation liegt nun die Überlegung zugrunde, daß das während einer Periode verfügbare Nettosparvolunen s nicht ausreicht, um die von den Unternehmern geplanten Nettoinvestitionen in der Höhe Cr zu realisieren. Diese überhöhte Nachfrage nach Investitiensgütern wird zu allgemeinen Preissteigerungen führen, während infolgedessen ceteris paribus die Realeinkommen der Konsumenten sinken[279] und sich im Unternehmenssektor inflationäre Gewinne einstellen werden. Mit derartigen Gewinnen wird über den Kapitalmarkt automatisch der Investitionsüberhang finanziert, so daß eine Inanspruchnahme zusätzlicher Bankkredite zur Deckung des "excess investment" nicht erforderlich wird, wobei allerdings die Funktionsfähigkeit des Kapitalmarktes vorausgesetzt wird.

Harrod gelangt jedoch zu der Überzeugung, daß eine wirtschaftliche Entwicklung, die aus der 'undersaving'-Situation s < sr entspringt, nicht notwendigerweise eine Tendenz zur chronischen Inflation in sich bergen müsse.[280] Während die insbesondere nach dem zweiten Weltkrieg in zahlreichen westlichen Industrienationen zu beobachtende Inflationstendenz von einer permanenten Sparlücke begleitet war, läßt sich bei den unterentwickelten Volkswirtschaften kein derartiger

---

278 Harrod, R.F., Dynamische Wirtschaft, a.a.O., S.109

279 Die Lohnsteuerproblematik wird an dieser Stelle von Harrod ausgeklammert.

280 Vgl. ders., Second Essay ..., a.a.O., S. 288

Zusammenhang feststellen. Ein unzureichendes Angebot an Sparmitteln wirkt sich hier vielmehr als ein Wachstumshemmnis aus, da die Entwicklungsländer in der Regel über keinen anpassungsfähigen Kapitalmarkt verfügen, so daß "the inflationary finance will not be generated and the investments will not be undertaken"[281].

5.4 Möglichkeiten einer Stabilisierung des Systems durch Modifikationen der Modellprämissen

Harrods Vorstellungen über den Ablauf der wirtschaftlichen Entwicklung tragen vorwiegend pessimistische Züge: auf Grund einer dem Wirtschaftsprozeß inhärenten Instabilität, der das 'fortschreitende Gleichgewicht' in zweifacher Weise ausgesetzt ist - einmal im Hinblick auf die Realisierung einen konjunkturellen Gleichgewichtswachstums (G = Gw), zum anderen hinsichtlich eines optimalen Wirtschaftswachstums (G = Gw = Gn) - wird sich die wirtschaftliche Entwicklung in Falle einer Störung des Ausgangsgleichgewichts in einem kumulativen Prozeß von diesem entfernen. Dem Wirtschaftsmechanismus wohnen keine Kräfte inne, die eine Rückkehr zur ursprünglichen Gleichgewichtslage bewirken.[282] Eine Wiederherstellung des dynamischen Gleichgewichts läßt sich demnach nur mit Hilfe gezielter wirtschaftspolitischer Maßnahmen erreichen.

Eine auf Stabilität der wirtschaftlichen Entwicklung gerichtete Politik hat sich nach Harrods Auffassung entsprechend der in zweifacher Hinsicht begründeten Instabilität auch an zwei verschiedenen Problemen auszurichten:
1. "The short-term one of preventing deviations from a steady growth

---

281 Ebenda
282 Da sich in dem dynamischen Entwicklungsprozeß die Wirtschaft gleichsam auf des Messers Schneide fort bewegt, wird Harrod Instabilitätstheorem - streng genommen jedoch nur das des konjunkturellen Ungleichgewichts - im englischen Sprachgebrauch häufig auch als 'knife-edge'- problem bezeichnet, im Deutschen entsprechend als "Messerschneiden-Theorie"

rate, and

2. the long-term one of bringing the warranted growth rate into line with the natural growth rate". [283]

Da die Tendenz zum Ungleichgewicht im Falle des 'moving equilibrium' (Gw) und die in dem Zusammenhang notwendige Stabilitätspolitik in erster Linie dem konjunkturellen Sektor zuzuordnen ist, kann in dieser Arbeit, die sich insbesondere mit der langfristigen Analyse Harrods auseinandersetzt, auf die damit verbundenen Fragen und insbesondere die in der entwicklungstheoretischen Literatur in aller Breite geführte Stabilitätsdiskussion nicht näher eingegangen werden. Es sei an dieser Stelle auf einige Veröffentlichungen hingewiesen, die sich kritisch zu diesem Fragenkomplex äußern.[284]

Im Mittelpunkt der Harrod'schen Analyse des Wachstumstrends steht das Problem der Instabilität des durch die 'natürliche' Wachstumsrate beschriebenen Entwicklungspfades und die Frage nach einer Neutralisierung der daraus resultierenden Ungleichgewichtstendenzen. Daß sich Harrod in seinen grundlegenden Veröffentlichungen in weitaus größerem Maße zunächst mit der Situation auseinandergesetzt hat, in der Gw die Rate Gn übersteigt, ist insbesondere wohl auf seine Überlegung zurückzuführen, "daß wir uns früher oder später wiederum

---

283 Harrod, R.F., Are Monetary ..., a.a.O., S. 908.
284 Hicks, J.R., Mr. Harrod's Dynamic Theory, a.a.O.; Alexander, S.S., Mr. Harrod's, Dynamic Model, a.a.O., Baumol, W.J., Economic Dynamics, a.a.O., Bodenhorn, D., The Stability of Growth Models, a.a.O.; Hamberg, D., Economic Growth end Instability, New York 1956; Rose, H., The Possibility of Warranted Growth, a.a.O.; Jorgenson, D.W., On Stability in the Sense of Harrod, in: Economics, Bd. 27(1960); Nelson, R.R., A Note on Stability and the Behaviour Assumptions of Harrod-Type Models, in: The Economic Journal, Bd. 71(1961); Harrod verteidigt sein Konzept der konjunkturellen Instabilität gegenüber den kritischen Einwänden von Hicks, Rose und Baumol in: Domar and Dynamic Economics, a.a.O., S. 458 ff.

den Problemen der Stagnation gegenübersehen werden."[285] Während er zu diesem Zeitpunkt noch ganz unter dem Eindruck der schweren Depression der 50-er Jahre stand, so nimmt er erst später, als sich schließlich weltweite und teilweise von einem hartnäckigen Inflationstyp begleitete Aufschwungtendenzen abzeichneten, in extenso zur Frage der Beseitigung von chronischen Inflationserscheinungen Stellung.[286] Auf die Darstellung eines geeigneten Instrumentariums im Dienste einer auf die Realisierung eines langfristigen Gleichgewichts gerichteten Wachstumspolitik, womit sich Harrod insbesondere in seinen neueren Publikationen auseinandergesetzt hat, wird allerdings im Rahmen dieser Untersuchung, die sich in erster Linie auf seine modelltheoretischen Vorstellungen bezieht, nicht im einzelnen eingegangen.

Es ist in der wachstumstheoretischen Diskussion vielfach behauptet worden, daß die Instabilität des Gleichgewichtswachstums auf Grund einer Reihe von mehr oder weniger einschränkenden Modellannahmen zustande komme und daß in der Realität eine derartige Tendenz überhaupt nicht festzustellen sei. Während über die letztere These hier nicht zu entscheiden ist, soll im Folgenden untersucht werden, inwieweit durch Modifikationen bzw. Erweiterungen der zugrundeliegenden Prämissen eine Stabilisierung des langfristigen Gleichgewichts auf dem durch Gn beschriebenen Pfad herbeigeführt werden kann. Modelltheoretisch läßt sich eine Anpassung der Entwicklung an den natürlichen wirtschaftlichen Fortschritt durch Variationen entweder der Sparquote oder des Kapitalkoeffizienten erzielen.

5.41 Säkulares Gleichgewichtswachstum und 'Capital deepening'

Harrod stellt sich in diesem Zusammenhang zunächst die Frage, inwieweit sich eine Stabilität des Systems durch Variationen in der Kapitalnachfrage erzielen läßt. Da der erforderliche Kapitalkoeffizient

---

285 Harrod, R.F., Dynamische Wirtschaft, a.a.O., S. 5.
286 Vgl. ders., Inflation in Dynamic Theory, a.a.O.

als konstant definiert ist, führt er in seiner Dynamischen Wirtschaft einen zusätzlichen Faktor ein, durch dessen Berücksichtigung theoretisch eine Übereinstimmung zwischen der erforderlichen Kapitalnachfrage und dem realisierten Sparangebot und damit ein nach Maßgabe der Rate Gn fortschreitendes Gleichgewicht hergestellt werden kann.

Während in der Größe Cr jene einkommensinduzierten Investitionen enthalten sind, die bei neutralem technischen Fortschritt und einem konstanten Zinsfuß zu einer proportionalen Ausweitung des Produktionsvolumens führen, werden in der Größe 'd' die Kapitalinvestitionen erfaßt, "die durch die Verlängerung des Produktionsprozesses erforderlich werden"[287] und mit dem eigentlichen Wachstum der Produktion in keinem unmittelbaren Zusammenhang stehen. Die Größe 'd', in der der Tatbestand des 'capital deepening' ausgedrückt wird, kann dann einen positiven Wert annehmen, wenn aufgrund eines fallenden Zinsfußes zu kapitalintensiveren Produktionsmethoden übergegangen wird oder aber, wenn kapital-verwendende technische Neuerungen auftreten. Tendiert das System zur chronischen Depression, so muß im Hinblick auf eine Wiederherstellung des optimalen Gleichgewichtswachstums eine Senkung des Zinses in dem Maße erfolgen, daß die auf Grund des vermehrten Kapitaleinsatzes pro Produktionseinheit zusätzlich aufgegriffenen Sparmittel den Überhang der geplanten bzw. realisierten Nettoersparnisse über das zur Realisierung von Gn erforderliche Niveau sr beseitigen, so daß die Beziehung gilt:

$$Gw\,Cr = s - d = Gn\,Cr \qquad (30)$$

Wenn diese Maßnahme theoretisch zwar zu einer Angleichung der 'warranted rate' an Gn führen kann, so zweifelt Harrod jedoch ihre praktische Anwendbarkeit deshalb an, weil er deren Effizienz als abhängig von der Elastizität der Kapitalnachfrage betrachtet. Auf Grund der pessimistischen Erwartungen, die das Unternehmer- und

---

287 Harrod, R.F. Dynamische Wirtschaft, a.a.O., S. 119

117

Konsumentenverhalten während der Depressionsspirale prägen, wird eine Zinssenkung kurzfristig keine nennenswerte Reaktion hervorrufen, auf lange Sicht jedoch könnte sich "der niedrigere Zinsfuß durchsetzen und in die Vorstellungswelt der Unternehmer und anderer übergehen"[288] und so über eine vermehrte Kapitalnachfrage Gw an Gn heranführen. Allerdings müßte es sich in diesem Fall um eine drastische Herabsetzung des Zinses handeln, denn Harrod ist davon überzeugt, "that changes in the rate of interest between the limits prevalent in mature societies, are in the strictest sense irrelevant to the method of production".[289]

Eine Beseitigung der chronischen Arbeitslosigkeit ist weiterhin denkbar durch die Anwendung kapitalverwendender technischer Neuerungen (capital biased inventions). Das stetige Wachstum entlang des Pfades Gw vollzieht sich unter den Postulat neutraler Erfindungen dergestalt, daß das exogen bestimmte Angebot an Sparmitteln sich stets mit der Kapitalnachfrage (Cr) deckt, die die Investoren zufriedenstellt. Während die aus Abschreibungen finanzierten Reinvestitionen sukzessive zu einer Erneuerung den Realkapitalbestandes führen, "capital-biased improvements will entail that amortization funds are not sufficient for substituting the new for the old".[290] Die zur Deckung dieser Differenz erforderlichen Kapitalmittel, die ihrerseits zu keiner Erhöhung des Output beitragen, lassen das Nettosparvolumen, das dem Wachstum der Produktion als solchem dient, um eben diesen Betrag sinken. Da jedoch das Angebot an Nettosparmitteln die Höhe der 'warranted rate' determiniert, wird eine Reduktion des Nettospar-volumens eine proportionale Kontraktion von Gw nach sich ziehen und tendenziell zu einer Angleichung an Gn führen.
In seiner Dynamischen Wirtschaft hat Harrod den Fall einer Kapitalnachfrage bei nicht-neutralen technischen Fortschritt durch die Einführung der Größe 'd' (siehe (30)) berücksichtigt. Bei kapital-

---

288 Harrod, E.F., Dynamische Wirtschaft, a.a.O., S.160 f.
289 Ders., Comment on Pilvin, a.a.O., S. 558. Vgl.hierzu auch Kap. 5.421.
290 Harrod, R.F., Prof. Fellner on Growth,..., a.a.O., S. 4.

verwendendem technischen Fortschritt ist 'd' positiv. Der Prozeß des 'capital deepening' wird im Zeitablauf den Kapitalkoeffizienten Cr anwachsen lassen, so daß auf 'd' dann verzichtet werden kann, wenn die Zunahme von Cr die Rate Gw auf das Niveau von Gn hat sinken lassen.

In Second Essay nimmt Harrod den Gedanken des 'deepening', der in der Dynamischen Wirtschaft nur skizzenhaft entwickelt wurde, erneut auf und bezieht in einer späteren Veröffentlichung zu dieser Problematik ausführlich Stellung.[291] Ausgehend von der Beziehung des 'welfare optimum growth' (Gn) konstatiert Harrod, daß in dieser Gleichung, deren Größen in Nettoeinheiten gemessen werden, modelltheoretisch der Fall nicht berücksichtigt sei, daß zur Erneuerung der bestehenden Kapitalausstattung möglicherweise auf Grund des (kapitalverwendenden) Charakters der technischen Neuerungen kapitalintensivere Produktionemethoden bevorzugt werden, mit denen über die Abschreibungsbeträge hinaus ein zusätzlicher Bedarf an Nettosparmitteln entsteht. Dieser Tatbestand findet seine formale Berücksichtigung in dem Faktor 'Δ rep' (Reproduction):

$$sr = Cr\ Gn + \Delta\ rep \qquad (31)$$

Unter der Annahme konstanter Preise gilt die Größe Δ rep als "the amount of capital required to maintain output at its preexisting level"[292]. Ein positiver Wert für Δ rep läßt den Wert des Kapitalkoeffizienten in den Maße anwachsen, wie infolge der Art der eingetretenen technischen Neuerungen zusätzliche Kapitalmittel zur Realisierung des ursprünglichen Produktionsniveaus erforderlich sind. Δ rep kann negativ werden, wenn der technische Fortschritt dergestalt ist, daß das gleiche Produktionsvolumen mit einem relativ geringeren Kapitaleinsatz ausgebracht werden kann, als dafür im "Amortizations-Fonds" bereitgestellt ist. Infolgedessen werden zusätzliche für das Wachstum der Produktion verfügbare Kapitalmittel frei. Wenn Harrod in seiner Analyse zwar neben der Neutralisierung von Inflationstendenzen

---

291 Vgl. Harrod, R.F., Second Essay ..., a.a.O., S. 285
292 Ders., Inflation in Dynamic Theory, a.a.O., S. 173.

(durch 'capital shortening') die theoretischen Möglichkeiten der Beseitigung einer chronischen Depression durch 'capital deepening' aufzeigt, so äußert er sich doch skeptisch darüber, daß in entwickelten Volkswirtschaften mit genügend 'deepening' gerechnet werden kann, wenn hier der Zins ein gewisses Niveau nicht unterschreiten wird, und der technische Fortschritt, der zwar in bestimmten Branchen möglicherweise arbeitssparenden Charakter annehmen kann, in gesamtwirtschaftlicher Hinsicht unter langfristigen Aspekt neutral sein wird.

5.42 Instabilität des langfristigen Gleichgewichts-Wachstums und makroökonomische Produktionsfunktion

Die der Harrod'schen Modellkonzeption zugrundeliegende Annahme eines konstanten Kapitalkoeffizienten hat insbesondere in der neueren wachstumstheoretischen Diskussion zu einer Vielzahl von Spekulationen hinsichtlich der produktionstheoretischen Grundlagen des Modells geführt. Den Anstoß hierzu gab vor allen die kritische Auseinandersetzung mit der von Harrod behaupteten Instabilität des Wachstumspfades und die Feststellung, daß ein Anpassungsprozeß der Wirtschaft an eine gleichgewichtige Entwicklung, die durch die gegebenen 'natürlichen' Wachstumsfaktoren determiniert wird, deshalb nicht stattfinden kann, weil Harrod angeblich eine Substitutionsmöglichkeit zwischen Kapital und Arbeit ausschließe und damit eine limitationale Produktionsfunktion unterstelle. Andere Autoren entnehmen wiederum Harrods Ausführungen, daß er sehr wohl an eine Substitutionalität gedacht habe[293]. Die Uneinigkeit und insbesondere die Fülle verschiedenartiger Interpretationen sind zu einem nicht unwesentlichen Teil darauf zurückzuführen, daß Harrod es stets vermieden hat, klar und

---

293 Vgl. dazu die Kontroverse zwischen Solow, R.M., A Contribution ..., a.a.O.; Eisner, R., On Growth Models and the Neo-Classical Resurgence, in: The Economic Journal, Bd. 68(1958), S. 707 ff.; Solow, R.M., Is Factor Substitution a Crime, and if so, how bad? Reply to Professor Eisner, in: ebenda, Bd. 69 (1959), S. 597 ff.; Tobin, J., Reply to Professor Eisner, ebenda, S. 599 f.

unmißverständlich zu diesem Problem Stellung zu nehmen. So äußert Pilvin die Auffassung, daß "an approach to the growth problem which makes explicit use of the production function offers much in the way of clarity".[294]

Im Folgenden soll anhand der wenigen Hinweise und Äußerungen Harrods zu diesem Fragenkomplex in groben Zügen der produktionstheoretische Gehalt seines Wachstumskonzepts untersucht werden. Es ist dabei davon auszugehen, daß das Wachstum der Produktion einer Volkswirtschaft durch die Faktoren Arbeit, Kapital und den technischen Fortschritt bestimmt wird. Zunächst sind Harrods Vorstellungen über die Beziehung zwischen Kapital und Arbeit bei gegebener Technik insbesondere im Hinblick auf die Frage der Austauschbarkeit (movement along the production function), im zweiten Fall unter Einbeziehung des technischen Fortschritts (shift of the production function) zu erörtern. Auf die Problematik, die mit einer isolierenden Betrachtung von Substitutions- und Fortschrittseffekten verbunden ist, kann jedoch in diesem Rahmen nicht eingegangen werden.[295]

---

294 Pilvin, H., Full Capacity versus Full Employment Growth in: The Quarterly Journal of Economics, Bd. 67 (1953), S. 546.

295 Während Harrod zwischen diesen beiden Wirkungen unterscheidet, wird die scharfe Trennung von einigen Autoren als willkürlich bezeichnet. Kaldor äußert in diesem Zusammenhang: "...any sharp of clear-cut distinction between the movement a l o n g a 'production function' with a given state of knowledge, and a s h i f t in the 'production function' caused by a change in the state of knowledge is arbitrary and artifical", Kaldor, N., A Model of Economic Growth, in: The Economic Journal, Bd. 67 (1957), S. 596; auch Fellner äußert:"... the distinction ...cannot be drawn sharply", Fellner,W.,The Capital-Output Ratio .., a.a.O., S. 115; vgl. hierzu auch Ott, A.E., Produktionsfunktion, Technischer Fortschritt und Wirtschaftswachstum, in: Schriften des Vereins für Socialpolitik, N.F. 17 (1959), insbes. S. 166 ff.

5.421 Die Zinsabhängigkeit des Kapitalkoeffizienten bei konstanter Technik

Die von Harrod angenommene Konstanz des Kapitalkoeffizienten beruht, wie oben gezeigt wurde, zunächst auf der Vorstellung, daß der Zins unverändert bleibt. Harrod gesteht ein, daß er eine Konstanz des Zinses vor allem unterstellt habe, um die Modellanalyse zu vereinfachen.[296]

Es wurde nun insbesondere von den Theoretikern der neoklassischen Variante kritisiert, daß kein funktionaler Zusammenhang zwischen dem Kapitalkoeffizienten und der Zinsrate aufgezeigt wird. Harrod weist darauf hin, daß er zunächst aus modelltechnischen Gründen verzichtet habe, den Zins als variablen Faktor in seine Analyse einzubeziehen.[297] Er habe jedoch bereits in seinen Essay angedeutet, daß der Wert des Kapitalkoeffizienten "may be somewhat dependent on the rate of interest".[298] Allerdings äußert er gravierende Bedenken gegenüber der Vorstellung, daß die Zinshöhe von entscheidender Bedeutung für die Wahl der Produktionsmethoden ist und über den Zinsmechanismus ein Ausgleich zwischen Kapitalangebot und -nachfrage und damit eine Beseitigung der Instabilitätstendenz erzielt werden kann. Harrod hält es insbesondere aus vier Gründen für zweifelhaft, daß die Höhe des Zinses einen maßgeblichen Einfluß im Hinblick auf eine optimale Faktorkombination zwischen Kapital und "other factors of production" ausüben kann, und daß beispielsweise durch eine Zinssenkung eine Kapitalintensivierung und damit eine Beseitigung der Depressions-Tendenz erreicht wird:

1. Aufgrund der Keynes'schen Überlegung, daß der Zins in einer kapitalistischen Volkswirtschaft infolge von Liquiditätserwägungen

---

296 Harrod. R.F., Comment on Pilvin, a.a.O., S. 555
297 The mutual interdependence of the rate of interest, C and s, was left on one side in this preliminary attempt to lay the foundations of a dynamic theory", ders., Are Monetary ..., a.a.O., S. 903.
298 Ders., An Essay ..., a.a.O., S. 204.

nicht sein optimales Niveau (d.h. die Vollbeschäftigungsrate) finden kann.

2. In reifen Industrienationen hat der Zins in der Regel bereits ein relativ niedriges Niveau erreicht, so daß das Postulat eines kontinuierlich fallenden Zinsfußes nur in beschränkten Maße Gültigkeit haben kann.

3. Das Konzept eines stetig fallenden Zinsfußes beinhaltet insofern einen Widerspruch in sich, da die Erwartung einer zukünftigen Zinssenkung im gegenwärtigen Stadium die Investitionsneigung einschränken und damit das Gegenteil des gewünschten Effekts (nämlich einer Kapitalintensivierung) hervorrufen würde.

4. Schließlich ist es überhaupt fraglich, ob die Höhe der Kapitalkosten in dem Maße einen Einflußfaktor bei der unternehmerischen Entscheidung über die Wahl der Produktionsmethoden darstellt. Harrod begründet diese These mit den Hinweis, daß die Produktionsanlagen in der Regel nach 4-5 Jahren amortisiert sind. Allerdings räumt er ein, daß der Einfluß des Zinses bei langfristigen Investitionsprojekten von Bedeutung für den Kapitalisationsgrad sein kann. [299]

Harrod gesteht jedoch später zu, daß ungeachtet seiner Bedenken hinsichtlich der praktischen Bedeutung von Zinsvariationen für die Wahl des Produktionsverfahrens "a theory which makes no allowance for the possible variation in Cr in response to the abundance or shortage of capital disposal is defective in principle" [300]. Er beseitigt diesen Mangel, indem er annimmt, daß der Kapitalkoeffizient Cr eine abnehmende Funktion des 'natürlichen' Zinses darstellt:

$$Cr = f \ (r \ n) \qquad\qquad (32)$$

---

299 Vgl. Harrod, R.F., Comment on Pilvin, a.a.O., S. 556; siehe auch ders., Second Essay ..., a.a.O. S. 278.

300 Ders., Second Essay ..., a.a.O., S. 278 f.

Wenn sich Harrod zwar mit dieser Annahme von dem Vorwurf entlastet glaubt, daß seine Fundamentalbeziehung ein starres Einsatzmengenverhältnis der Produktionsfaktoren impliziere, so ist er jedoch weiterhin pessimistisch und tritt in seinen weiteren Ausführungen den Beweis dafür an, daß eine auf Grund der Beziehung (32) abgeleitete Substitutionsmöglichkeit zwischen Kapital und anderen Faktoren nicht als stabilisierendes Element in Betracht gezogen werden kann. Eine Verschiebung "entlang der Produktionsfunktion" infolge einer Erhöhung des Kapitalkoeffizienten, die eine entsprechende Nettoersparnis voraussetzt, würde einen fallenden Zinsfuß auf Grund von (32) implizieren. Ein Absinken des Zinses führt jedoch gem. Beziehung (23) zu einer Verringerung der natürlichen Wachstumsrate des Pro-Kopf-Einkommens, es sei denn, die Elastizität der Einkommensnutzen-Kurve 'e' würde zunehmen. Dieser Fall kann jedoch nicht als wahrscheinlich angenommen werden. Infolgedessen ist eine Angleichung der Rate Gw an Gn über Zinsvariationen nicht realisierbar. Harrod hält somit auch weiterhin an der Vorstellung einer der wirtschaftlichen Entwicklung immanenten Instabilität fest. Der von den neoklassischen Wachstumstheoretikern postulierte Anpassungsmechanismus über ein substitutionales Faktor-Einsatzmengenverhältnis wird von ihm nicht in Betracht gezogen. Bewegungen entlang der Produktionsfunktion (movement along the production function) werden zwar theoretisch nicht ausgeschlossen, jedoch ökonomisch nicht für relevant angesehen. [301]

5.422 Die Wirkungen des "Harrod-neutralen" technischen Fortschritts und das Problem der Faktorsubstitution

Das 'natürliche' Wachstum einer Volkswirtschaft wird - wie oben ausführlich dargestellt - neben dem Arbeitspotential durch einen kontinuierlichen Strom technischer Neuerungen bestimmt, die unter dem Postulat der Neutralität und der Konstanz des Zinsfußes den Wert des Kapitalkoeffizienten nicht verändern bzw. die Länge des Produktionsprozesses konstant lassen. Der neutrale technische

---

301 Vgl. Harrod, R.F., Are Monetary ..., a.a.O., S. 905.

Fortschritt läßt darüber hinaus "die Aufteilung des gesamten Sozialproduktes zwischen Arbeit (im weitesten Sinne) und Kapital unverändert".[302]

Harrods Definition ist selbstverständlich makroökonomisch zu interpretieren, denn es steht außer Zweifel, daß nicht jede Neuerung von neutralem Charakter sein kann. Er unterscheidet deshalb grundsätzlich in neutrale, arbeitssparende und kapitalsparende Erfindungen. Während der neutrale technische Fortschritt bei konstantem Zins den Wert des durchschnittlichen Kapitalkoeffizienten unverändert läßt, erfährt er infolge kapitalsparender Erfindungen eine Verminderung, bei arbeitssparendem Fortschritt dagegen eine Steigerung. Harrod weist jedoch in diesem Zusammenhang darauf hin, daß seine Definition zum Unterschied von der Hicks'schen Version nicht auf die Frage der Substitutionselastizität zwischen Arbeit und Kapital Bezug nimmt, sondern daß das Kriterium der Neutralität vielmehr an dem "spezifischen Charakter der Erfindung" orientiert ist.[303]

Die Prämisse der Neutralität basiert bei Harrod offenbar auf zwei verschiedene Vorstellungen[304]:

---

302 Harrod, R.F., Dynamische Wirtschaft, a.a.O., S. 35.

303 Vgl. Harrod, R.F., ebenda, S. 38. Der neutrale technische Fortschritt im Sinne von Hicks läßt die Grenzproduktivitäten von Arbeit und Kapital in gleichem Maße anwachsen. Harrod macht jedoch in einer neueren Veröffentlichung darauf aufmerksam, daß die Wirkung des neutralen technischen Fortschritts entscheidend davon abhängt, in welcher Dimension der Faktor Kapital gemessen wird. Ist Kapital definiert "as so much waiting per unit of non-capital factors", dann würde eine neutrale technische Neuerung die Werte des Kapitalkoeffizienten und der Kapitalintensität unberührt lassen. Wenn Kapital je doch definiert ist "as so much waiting per basket full of goods", dann würde auf Grund einer neutralen technischen Neuerung bei konstanten Kapitalkoeffizienten die Kapitalintensität steigen; Harrod, R.F., The "Neutrality" of Improvements, in: The Economic Journal, Bd. 71(1961), S. 303 f.

304 Vgl. dazu auch La Tourette, J.E., Technological Change and

1. Auf Grund statistischer Untersuchungen glaubt Harrod eine Tendenz zur Neutralität der technischen Neuerungen bei einer weitgehenden Konstanz den Kapitalkoeffizienten feststellen zu können.

2. Das Konzept eines fortschreitenden dynamischen Gleichgewichts impliziert die Neutralität der Erfindungen; damit sind Störungen des Gleichgewichtswachstums durch den technischen Fortschritt ausgeschlossen.

Hier stellt sich nun die Frage, unter welchen Bedingungen sich das Wachstum der Wirtschaft bei Neutralität der Technik vollzieht.[305] Zunächst ist hervorzuheben, daß der Faktor Arbeit nicht explizite in Harrods Modellanalyse berücksichtigt wird, während der Faktor Kapital maßgeblich am wirtschaftlichen Entwicklungsprozeß beteiligt ist.[306] Es wird lediglich darauf hingewiesen, daß das 'natürliche'

Equilibrium Growth, In: Kyklos, Bd. 17 (1964), S. 221. Walter, H., Investitionen und technischer Fortschritt ..., a.a.O., S. 225.

305 Bedauerlicherweise hat Harrod diesen Sachverhalt in seinen Ausführungen nirgendwo eindeutig dargestellt. In diesem Zusammenhang kritisiert Bombach: "In der Wachstumstheorie vom Harrod- Domar-Typ ist der technische Fortschritt bisher ein Stiefkind geblieben. Seine Bedeutung für den Entwicklungsprozess wird stets gebührend erwähnt, aber der modellmäßige Einbau ist eigentlich noch nicht gelungen. Bombach, G., Quantitative und monetäre Aspekte ..., a.a.O., S. 185.

306 Harrod spricht in diesem Zusammenhang lediglich von "capital and other factors of production". Johansen klassifiziert das Modell von Harrod neben den Wachstums-Konzeptionen von Domar, Brems, Eisner und Svennilson als zu jener Kategorie von Modellen gehörig "with a given capital coefficient, where labour in- put does not enter the analysis explicitly, but is treated rather vaguely in supplementary comments", Johansen L., Substitution versus Fixed Production Coefficients in the Theory of Economic Growth: A Synthesis, in: Econometrica, Bd. 26 (1959), S. 157. Domar verfährt hier ebenso wie Harrod, während er jedoch sein Vorgehen u.a. mit

Wachstum nach oben hin durch die Zahl der arbeitenden Bevölkerung begrenzt wird. Aus Harrods Modellanalyse geht hervor, daß infolge einer neutralen technischen Neuerung der Kapitaleinsatz (absolut) zunimmt, während der Arbeitseinsatz keine mengenmäßige Änderung erfährt; er bleibt vor und nach dem Eintritt der technischen Neuerung konstant.[307] Dadurch ergibt sich eine relative Änderung des Faktoreinsatzmengen-Verhältnisses, die Kapitalintensität (K/A) steigt. Da der Kapitalkoeffizient (K/Y) von der Wirkung des neutralen Fortschritts unberührt bleibt, muß der Zunahme des Realkapitalbestandes eine proportionale Ausweitung der Produktion gegenüberstehen. Auf Grund der Beziehung

$$K\,/\,Y \;=\; K\,/\,A \;\cdot\; A\,/\,Y \quad (=\text{const.}) \hspace{2cm} (\,33\,)$$

folgt, daß damit eine zum Grad der Kapitalintensivierung proportionale Annahme des Arbeitskoeffizienten (A/Y) bzw. umgekehrt eine Steigerung der Arbeitsproduktivität stattfindet. Mit einem fallenden Arbeitskoeffizienten ist unter der Annahme gleichbleibender Löhne

---

der Begründung rechtfertigt, daß in den hochindustrialisierten Ländern die Ausweitung der Kapazitäten und die Produktionssteigerungen in erster Linie dem Faktor Kapital zuzurechnen sind, Domar, E.D., Further Comment on Pilvin: Full capacity versus full employment Growth, in: The Quarterly Journal of Economics, Bd. 67 (1953), S. 559.

307 Aus der Annahme, daß bei Harrod-neutralem Fortschritt der Kapitaleinsatz steigt, während der Arbeitseinsatz unverändert bleibt, kann nach der Auffassung von Ott der wichtige Schluß gezogen werden, daß die Nettoinvestitionen bei Harrod nicht der Erweiterung, sondern ausschließlich der Verbesserung der Produktionsanlagen dienen. Erweiterungsinvestitionen würden ja einen vermehrten Einsatz von Arbeitskräften zur Bedienung der neugeschaffenen Produktionsanlagen erfordern. Bei reinen Verbesserungsinvestitionen ist dagegen keine Ausdehnung der Beschäftigung von Arbeitern notwendig; Vgl. Ott, A.E., Produktionsfunktion ..., a.a.O., S. 188 f.

eine Abnahme der Lohnquote (L/Y) verbunden. Da jedoch auf Grund der Definition des neutralen Fortschritts eine anteilmäßige Konstanz der Löhne und Gewinne am gesamten Sozialprodukt unterstellt wird, muß der Reallohnsatz (L/A) steigen (proportional zur Arbeitsproduktivität), damit das Postulat der Konstanz der Lohnquote erfüllt ist:

$$L / Y \;=\; L / A \;\cdot\; A / Y \quad (= \text{const.}) \qquad\qquad (34)$$

J. Robinson[308] war darum bemüht, die Wirkungen des technischen Fortschritts im Harrod'schen Sinne an Hand einer graphischen Darstellung aufzuzeigen. Ihre Überlegungen sollen in diesem Zusammenhang nur im Hinblick auf den Effekt neutraler Erfindungen wiedergegeben werden:
AP1 bzw AP2 stellen die Durchschnittsproduktivitäts-Kurven, MP 1 bzw. MP 2 die Grenzproduktivitäts-Kurven des Kapitals bei konstantem Arbeitseinsatz jeweils vor und nach der Einführung des technischen Fortschritts dar. Auf der Abszisse ist der Kapitaleinsatz (bei konstantem Arbeitseinsatz), auf der Ordinate das Durchschnittsprodukt bzw. das Grenzprodukt des Kapitals abgetragen. In der Ausgangsposition ist das Grenzprodukt des Kapitals CE gleich dem Zinssatz, während der Kapitaleinsatz durch OE wiedergegeben wird. Das Durchschnittsprodukt des Kapitals ist durch AE bestimmt. Das Gesamtprodukt ist gleich OE x AE, während das Kapitaleinkommen OE x CE, das Arbeitseinkommen hingegen OE x AC beträgt. Nach der Einführung der technischen Neuerungen bemißt sich der Kapitaleinsatzbei konstantem Arbeitseinsatz nach der Strecke OL und dessen Grenzprodukt nach dem Abschnitt DL, was bei unverändertem Zinssatz der Strecke CE entspricht. Das Durchschnittsprodukt des Kapitals beträgt nunmehr BL. Das Kapitaleinkommen ist in dieser Situation gleich OL x LD, das Arbeitseinkommen gleich OL x DB.

---

308 Robinson, J., The Classification of Inventions, in: The Review of Economic Studies, Bd. 5 (1937/38), S. 139 ff. Wiederabgedruckt in: Fellner, W., Haley, B.F., Readings in the Theory of Income Distribution, London 1950, S. 175 ff.

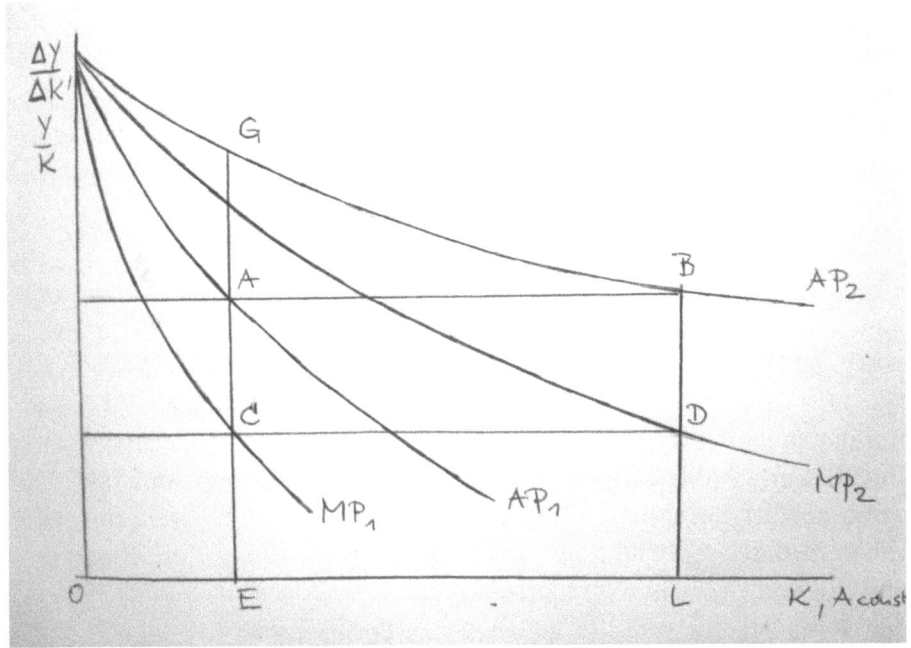

Das Verhältnis von Kapital- zu Arbeitseinkommen ist bestimmt durch EC/CA - LD/DB. Aus LD - EC bzw. DB = CA folgt, daß nach der Einführung des technischen Fortschritts die Aufteilung des Sozialprodukts auf die Faktoren Kapital und Arbeit nicht verändert worden ist.

Der neutrale technische Fortschritt impliziert demnach neben den von Harrod expressis verbis gemachten Annahmen drei weitere Bedingungen:

1. Es findet eine kontinuierliche Kapitalintensivierung statt.
2. Die Arbeitsproduktivität steigt in dem gleichen Verhältnis wie das Faktoreinsatzverhältnis (K/A).
3. Der Reallohnsatz steigt nach Maßgabe der durchschnittlichen Erhöhung der Arbeitsproduktivität.

In einen Lohn-Zins-Diagramm würde sich der Harrod neutrale

129

Fortschritt parallel zur Lohnachse vollziehen:

Bei den bisherigen Überlegungen wurde eine Konstanz der arbeitenden Bevölkerung unterstellt. Da die 'natürliche' Wachstumsrate als Vollbeschäftigungsrate definiert ist, muß demnach weiterhin die zahlenmäßige Entwicklung der Arbeitsbevölkerung in Rechnung gestellt werden. Geht man hierbei zunächst von der Beziehung

$$Y = \frac{Y}{A} \cdot A \qquad (35)$$

aus und differenziert (35) nach der Zeit, so ergibt sich der Ausdruck

$$\frac{dY}{dt} = A \cdot \frac{d\frac{Y}{A}}{dt} + \frac{Y}{A} \cdot \frac{dA}{dt} \qquad (35\ a)$$

Die Wachstumsrate des Einkommens kann mittels Division der Beziehung (35a) durch Y abgeleitet werden:

$$\frac{dY}{dt} \cdot \frac{1}{Y} = \frac{d(\frac{Y}{A})}{dt} \cdot \frac{1}{\frac{Y}{A}} + \frac{dA}{dt} \cdot \frac{1}{A} \qquad (35b)$$

Unter Verwendung der entsprechenden Symbole Gn, GY/A und GA gilt für (35b)

$$Gn \ = \ GY/A + GA \qquad (36)$$

Die 'natürliche' Wachstumsrate ergibt sich demnach aus der Summe des Wachstums des Arbeitskräftepotentials und der Arbeitsproduktivität.[309] Welche Konsequenzen sich unter den für das 'natürliche' Wachstum gegebenen Bedingungen für das Konzept einer makroökonomischen Produktionsfunktion ergeben, erläutert Harrod mit dem Hinweis, daß Gn "spotlights attention on the outward movements from the origin of the production possibility curve; but it does not preclude the idea of movement along the production function"[310]. Er gibt allerdings deutlich zum Ausdruck, daß in seiner dynamischen Analyse "movements along the production function may have quite a subordinate place"[311]. Das Problem reiner Substitutionsvorgänge ohne technischen Fortschritt wird somit aus den oben aufgeführten Gründen bei Harrods Überlegungen weitgehend ausgeklammert.

Ein limitationales Einsatzverhältnis hat Harrod nie unterstellt, auch wenn seine Modellannahmen eine derartige Interpretation zulassen.[312] Allerdings ist der vielfach behauptete Fall einer linear-homogenen Limitationalität mit Harrods Vorstellungen deshalb nicht zu vereinbaren, weil er bei Konstanz des Kapitalkoeffizienten auf Grund der Beziehung

$$K/A = Y/A \cdot K/Y \qquad (33a)$$

eine konstante Arbeitsproduktivität implizieren würde. Ebenso wenig ist die Behauptung zutreffend, daß es bei Harrod keinen technischen Fortschritt gäbe.[313] Wie oben gezeigt wurde, findet infolge eines

---

309 G_n läßt sich deshalb auch als "rate of growth of the labour supply" kennzeichnen, Hahn, F.H., Matthews, R.C.O., The Theory ..., a.a.O., S. 783; vgl. auch Robinson, J., Harrod's Knife-edge, in: Dieselbe, Collected Economic Papers, Vol. 3, Oxford 1965, S. 52.

310 Harrod, B.F., Are Monetary ..., a.a.O., S. 905.

311 Ebenda

312 Vgl. dazu auch Schöpf, G.C., Ökonometrische und empirische Unterstützung für das Harrod-Modell, a.a.O., S. 235.

313 Diese Äußerung findet sich u.a. bei Solow (A Contribution ...,

stetigen Stroms 'neutraler' Erfindungen eine laufende Änderung der Faktorproportionen (ständige Kapitalintensivierung) statt. Substitutionsvorgänge vollziehen sich demnach im Zeitablauf unter der Einwirkung des 'neutralen' Fortschritts. Da Harrod selbst schon eine substitutionale Produktionsfunktion in Form des 'zeitlichen Ertragsgesetzes' benutzt, läßt sich nach der Auffassung Helmstädters[314] gegen Harrods Instabilitätstheorem nicht, wie es unter anderem Solow getan hat, mit einer substitutionalen Produktionsfunktion argumentieren.

5.43 Das Kaldor'sche Stabilitätsargument

Innerhalb Harrods Modellvorstellung kann eine Stabilität des langfristigen Gleichgewichts wachstumstheoretisch durch den Einbau eines Mechanismus erreicht werden, der das Sparangebot automatisch mit der 'erforderlichen' Kapitalnachfrage in Einklang bringt. Das Postulat einer konstanten Sparquote kann hierbei jedoch nicht länger aufrecht erhalten werden. Harrod wird in dem Zusammenhang von Kaldor vorgeworfen, mit dieser Prämisse ein "artificial stability problem"[315] geschaffen zu haben. Die Tendenz zur säkularen Instabilität kann, so behauptet Kaldor weiterhin, durch die Annahme aufgehoben werden, daß die Sparquote eine Funktion der Einkommensverteilung darstellt. Modelltheoretisch bedarf es dabei zunächst einer Disaggregation der gesamtwirtschaftlichen Sparrate in die Ersparnisse aus Löhnen und Gewinnen. Wie oben gezeigt wurde (Kap. 5.42), hat Harrod zwar die Gesamtersparnis hinsichtlich der ihr im einzelnen zugrundeliegenden Motive untersucht und dabei in erster Annäherung zwischen personellen und korporativen Sparintentionen unterschieden,

---

a.a.O., S. 65)

314 Helmstädter, E., Harrod und die Neoklassische Wachstumstheorie, in: Zeitschrift für die gesamte Staatswissenschaft, Bd. 121 (1965), S. 431 ff. Helmstädter versucht nachzuweisen, daß die Instabilität des Wachstumspfades aus rein kreislauftheoretischen Zusammenhängen heraus zu erklären ist.

315 Kaldor, N., Essays on Economic Stability and Growth, London 1960, Introduction, S. 8, Fn. 1

dabei jedoch keine entsprechende Aufteilung innerhalb seines Modells vorgenommen. Unter der Annahme, daß in einem System flexibler Preise die Sparneigung der Unternehmer stets die der Lohnbezieher übertrifft (Stabilitätskriterium sp > sw), läßt sich Kaldors Argumentation[316] stark vereinfacht wie folgt wiedergeben: Die gesamtwirtschaftliche Sparquote stellt ein gewogenes Mittel aus den Sparraten der Lohn- und Gewinnempfänger dar, wobei die Lohn- (W) und Gewinnquoten (P) als Gewichte von sw bzw. sp auftreten. Somit kann die Beziehung hergestellt werden:

$$s = W \cdot sw + P \cdot sp \qquad (34)$$

Wegen der Bedingung sp › sw führt eine Erhöhung des Quotienten P/W zu einer Steigerung der makroökonomischen Sparrate s, womit sich im Falle s < Cr tendenziell eine Angleichung der Rate Gw an Gn, und damit die Beseitigung der Neigung zu einer chronischen Inflation ergeben wird. Eine Verschiebung zugunsten der Sparquote aus Lohneinkommen würde einen umgekehrten Effekt auslösen und in der Situation s > Cr die Rate Gw tendenziell auf Gn sinken lassen. Ähnliche Gedankengänge finden sich in den Darstellungen von Robinson[317] und Champernowne[318]. Robinson bietet u.a. eine Lösung des Harrod'schen Instabilitätsproblems unter der Annahme, daß sich die Ersparnisse ausschließlich aus Kapitaleinkommen rekrutieren.[319]

---

316 Vgl. Kaldor, N., A Model of Economic Growth, a.a.O. S. 591 ff. Ders., Alternative Theories of Distribution, in; The Review of Economic Growth, a.a.O., 23 (1955/56), insbes. S. 95. Siehe dazu auch Preiser, E., Wachstum und Einkommensverteilung, 2.Aufl., Heidelberg 1964, S. 33 Anm. 1; Green, H.A.J., Growth Models, Capital and Stability, a.a.O., S. 65.
317 Robinson, J., The Accumulation of Capital, London 1956
318 Champernowne, D.G., Capital Accumulation and the Maintenance of Full Employment, in: The Economic Journal, Bd. 68(1958), S. 211 ff.
319 Vgl. dazu insbes. Robinson, J., Harrod's Knife-Edge ..., a.a.O., S. 53.

In einer 1959 erschienenen Veröffentlichung bezieht sich Harrod erstmalig auf den von Kaldor aufgezeigten Anpassungsmechanismus [320], wobei allerdings nach seiner Auffassung das Stabilitätsproblem nur durch entsprechende Lenkungsmaßnahmen im Rahmen einer langfristigen Wirtschaftspolitik gelöst werden kann. Er weist jedoch darauf hin, daß sich in Falle Gw < Gn das langfristige Gleichgewicht nur auf Kosten einer Inflation wiederherstellen läßt.

In einer neueren Publikation (Themes in Dynamic Theory) setzt sich bei Harrod schließlich die Überzeugung durch, daß ein Wachstumskonzept, das einerseits mit einer gesamtwirtschaftlichen Sparquote arbeitet und zum anderen nach der buchhalterischen Vorstellung eine Übereinstimmung zwischen s und der Kapitalnachfrage postuliert, einen äußerst geringen Aussagewert besitzt, da zwischen den einzelnen Sparkategorien und der Investitionsquote keinerlei Beziehung besteht. Er erwägt in diesem Zusammenhang zunächst eine Aufspaltung der gesamtwirtschaftlichen Ersparnis in 'normal business saving', 'personal saving' und 'governmental saving' wobei er die Bedeutung des Unternehmungssparens innerhalb des gesamtwirtschaftlichen Kapitalbildungsprozesses unterstreicht. Hierin war er offenbar – wie Bombach[321] vermutet - durch Kaldors Arbeiten beeinflußt. Allerdings führt diese Erkenntnis nicht zu einer modellmäßigen Aufspaltung der gesamtwirtschaftlichen Sparrate in die Sparquoten der verschiedenen Gruppen von Einkommensbeziehern, die unter Berücksichtigung unterschiedlicher Spareigungen einen Ansatzpunkt für den Kaldor-Mechanismus bieten würden. Wenn Harrod zwar darauf hinweist, daß in der makrostatischen Analyse im Falle eines Nachfrageüberschusses "equilibrium can be secured by a rise in prices, causing a shift in the distribution of income away from the main of mess of people te profit takers who ... are relatively high

---

320 Harrod, R., Domar and Dynamic Economics, a.a.0., S. 455, Anm. 1, "It is to be noted that Mr. Kaldor holds that in the long run these will be brought together by a shift on income distribution."
321 Bombach, G., Art. Wirtschaftswachstum, a.a.O., S. 779

savers"[322], so findet diese Erkenntnis im Hinblick auf einen möglichen Stabilisierungsmechanismus innerhalb seiner makro-dynamischen Theorie offenbar keine Analogie.

6. Schlußbetrachtung

Den Grundstein zu seiner dynamischen Theorie der wirtschaftlichen Entwicklung hat Harrod während der 30-er Jahre gelegt, wobei er seine theoretischen Vorstellungen jedoch zunächst im Rahmen einer stark vereinfachenden und von einem hohen Abstraktionsgrad geprägten Modellanalyse entwickelte. Er begnügte sich jedoch keineswegs damit, seine hierbei gewonnenen theoretischen Erkentnisse als einen abgeschlossenen und gesicherten Beitrag zum Entwicklungsproblem reifer Volkswirtschaften zu betrachten. Vielmehr nahm er seine infolge der Kriegswirren stark beeinträchtigte Forschungstätigkeit auf diesem Sektor später wieder auf, wobei die veränderten wirtschaftspolitischen Gegebenheiten während der Nachkriegszeit auf das Erkenntnisobjekt der dynamischen Theorie nicht ohne Einfluß blieben und für Harrods Untersuchungen eine gewisse Neuorientierung und Akzentverlagerung innerhalb seines Wachstumskonzepts zur Folge hatten. Darüber hinaus wird man Harrod unterstellen dürfen, dass er sich angesichts einer insbesondere während der 50-er Jahre zunehmenden 'wissenschaftlichen Konkurrenz' auf den Gebiete der Wachstumstheorie der Notwendigkeit einer laufenden Überprüfung der Grundlagen und Prämissen seines Modells hinsichtlich ihrer Realitätsnähe bewußt war.
Wenn diese Arbeit sich zum Ziele gesetzt hat, neben der Darstellung eine Entwicklung der theoretischen Vorstellungen Harrods aufzuzeigen, so handelte es sich hierbei im wesentlichen darum, bestimmte Entwicklungstendenzen bei der Konzipierung seines Wachstumsmodells herauszustellen. Im Rahmen eines Vergleichs zwischen der ursprünglichen Fassung der 'dynamischen' Theorie und den jüngsten Erkenntnissen der wachstumstheoretischen Untersuchungen Harrods läßt sich die Entwicklung seines Gedankengebäudes nun in thesenartiger Form wie folgt zusammenfassen.

---

322 Harrod, R.F., Towards a New Economic Policy, a.a.O., S. 4.

1. Im Mittelpunkt des Harrod'schen Entwicklungskonzepts stand zunächst eine Analyse der kurzen Periode. Es gelang ihm hierbei, durch die Einbeziehung des Akzeleratorprinzips die einseitig den Einkommenseffekt der Nettoinvestitionen berücksichtigende Keynes'sche Beschäftigungstheorie zu erweitern und somit eine in sich geschlossene Konjunkturtheorie zu entwickeln, die auf der Basis des Zusamnenwirkens von Multiplikator und Akzelerator sowohl dem Einkommens- als auch dem Kapazitätseffekt von Nettoinvestitionen Rechnung trägt. Während der konjunkturelle Aspekt noch im 'Essay' im Vordergrund seiner entwicklungstheoretischen Erörterungen steht, richtet sich Harrods Interesse in der 'Dynamischen Wirtschaft' in erster Linie auf die Problematik eines gleichgewichtigen Wirtschaftswachstums, die für ihn - wie aus seinen späteren Publikationen ersichtlich ist - gegenüber dem Konjunkturproblem in zunehmendem Maße an Bedeutung gewinnt, die allerdings, worauf er wiederholt hingewiesen hat, nicht völlig von der Frage der zyklischen Bewegungen getrennt werden kann.

2. Die Tatsache, daß Keynes die Einkommenswirkungen der Nettoinvestitionen einseitig hervorhob, dabei je doch die Frage der Kapazitätsausdehnung umging, hatte zur Folge, daß insbesondere Harrod und Domar diesen Mangel bei ihren theoretischen Untersuchungen zu beseitigen versuchten, indem sie auf den dualistischen Charakter der Nettoinvestitionen hinwiesen. Diese erneute Auseinandersetzung mit der Investitionsproblematik führte dazu, daß das Wachstumsproblem von beiden Theoretikern zunächst in enger Beziehung zum Investitionsproblem gesehen wurde. Bei Harrod kann ein gleichgewichtiges Wachstum in der Form des fortschreitenden konjunkturellen Gleichgewichts (G = GW) nur dann eintreten, wenn die Unternehmer bei normaler Kapazitätsauslastung nach Maßgabe der 'Relation' investieren. Störungen infolge eines zu geringen oder überschüssigen Kapitalangebots sind ausgeschlossen, da G und GW gleichermaßen von der (als konstant angenommenen) privaten Spareigung abhängig sind; es treten folglich keine Differenzen zwischen dem 'geplanten' und dem 'tatsächlichen' Sparen auf. Unter langfristigem Aspekt rückt dagegen die Frage eines zur Realisierung

des 'natürlichen' Wachstums 'erforderlichen' Sparangebots in den Mittelpunkt der Entwicklungsproblematik. Harrod gelangt hierbei zu der Auffassung, daß sich eine Übereinstimmung der tatsächlichen Sparquote mit der im Rahmen des 'welfare optimum growth' notwendigen Kapitalangebots nur rein zufällig ergeben kann. Störungen des säkularen Gleichgewichtswachstums (GW = Gn) finden somit ihre Ursache in potentiellen Divergenzen zwischen s und sr.

Etwa gegen Ende der 50-er Jahre setzt sich bei Harrod schließlich die Erkenntnis durch, daß die Übereinstimmung beider Sparraten und damit eine optimale Nutzung der 'natürlichen' Ressourcen einer Volkswirtschaft nicht dem Zufall überlassen werden darf, sondern daß die private Sparneigung insbesondere mit Hilfe finanzpolitischer Maßnahmen tendenziell an sr herangeführt werden müsse. In modelltheoretischer Hinsicht hat diese Überlegung zur Folge, daß sich das Wachstumsproblem unter diesem Aspekt für ihn nicht mehr in erster Linie in Verbindung mit der Investitionsproblematik stellt, wobei der wirtschaftliche Expansionsprozeß vor allem durch den Grad der Nettoinvestitionstätigkeit bestimmt wird, sondern als ein Problem des Sparangebots betrachtet werden muß. Während sich hierbei das theoretische Interesse Harrods auf die Frage nach den Bedingungen eines 'optimalen' Wachstumspfades konzentriert, so kommt in diesem Zusammenhang dem Konzept des fortschreitenden unternehmerischen Gleichgewichts nur noch zweitrangige Bedeutung zu.

3. Diese Neuorientierung seines Modellansatzes von einer zunächst überwiegend nachfrageorientierten Konzeption hin zu einer in ihrer Grundtendenz angebotsorientierten Variante gab zu einer Überprüfung und einer teilweisen Neuformulierung der zugrundeliegenden Modellprämissen Anlaß. Die Frage nach den Determinanten eines optimalen Kapitalangebots ließ nunmehr eine fundamentale Lücke im Harrod'schen System deutlich werden.

In einem nachfrageorientierten Konzept wird der Zins, über dessen Bedeutung innerhalb einer wachsenden Wirtschaft sich hier nur recht vage Vermutungen finden lassen, als konstante Größe behandelt, womit

Harrod auf einen modellmäßigen Einbau verzichten konnte. Allerdings wurde er sich später des Mangels einer derartigen Behandlung des Zinsproblems bewußt. In seinem 'Second Essay' hat Harrod schließlich versucht, den Zins als notwendiges Bindeglied zwischen optimalem Kapitalangebot und -nachfrage in sein Modell aufzunehmen und damit als integrierenden Bestandteil einer expandierenden Wirtschaft zu betrachten. Allerdings führen seine theoretischen Überlegungen zu einem wenig überzeugenden Ergebnis. Da er die Zinselastizität der Kapitalnachfrage - zumindest für kurzfristige Investitionsprojekte - als äußerst gering betrachtet, und eine Interdependenz zwischen Sparangebot und Zins aufgrund der nur schwierig meßbaren Elastizität der Einkommensnutzenkurve überaus problematisch erscheint, erklärt sich Harrod außerstande eine 'dynamische' Theorie des Zinses zu entwickeln.[323]

Wenn Harrod darum bemüht war, sein theoretisches Gedankengebäude auszubauen und in gewisser Weise zu vervollkommnen, so äußert er doch die Überzeugung, daß die Grundlagen der Theorie eines 'dynamischen' Gleichgewichts noch weiterentwickelt und verbessert werden müssen[324], um zu annähernd befriedigenden theoretischen Ergebnissen hinsichtlich der Wachstumsproblematik zu gelangen. Dazu bedarf es nach seiner Auffassung der Formulierung weiterer notwendiger Beziehungen zwischen bestimmten Variablen in einer wachsenden Wirtschaft unter gegebenen, an der Realität orientierten Prämissen, wobei sich insbesondere ökonometrische Untersuchungen als notwendige Ergänzung, gleichsam als "Zwillingsdisziplin"[325] zu der rein theoretischen Analyse erweisen.

323"Central to the problems of dynamic theory is the impotence of the rate of interest to play the part assigned to it in static theory", Harrod, R.F., Dynamic Theory and Planning, a.a.O., S. 75; vgl. auch ders., Themes ..., a.a.O., S. 407.

324 " I would strongly urge that most of the basic theory of a dynamic equilibrium hat still so be developed", ders., Themes ..., a.a.O., S. 403.

325 Harrod, R.J., Are Monetary ..., a.a.O., S. 903.

Obwohl die theoretische Forschung auf dem Sektor des wirtschaftlichen Wachstums auch in jüngerer Zeit forciert vorangetrieben und insbesondere durch die Konzipierung von Mehrsektorenmodellen ein möglicher Weg zu neuen theoretischen Erkenntnissen gebahnt wird, so wird von einer Vielzahl von Autoren die Auffassung von Schöpf geteilt, daß man dennoch ohne Übertreibung behaupten könne, "die moderne Wachstumstheorie sei bis heute nicht wesentlich über Harrod hinausgekommen".[326]

---

326 Schöpf, C.G., Ökonometrische und. empirische Unterstützung ..., a.a.O., S. 233.

7. Literaturverzeichnis

Aftalion, A., Les crises périodiques de surproduction, Paris 1913

Albert, H. ,Wachstumsmodelle und Realität, in: Jahrbücher für Nationalökonomie und -statistik, Bd. 169 (1958)

Albert, H., Modell-Platonismus, in: F. Karrenberg, H. Albert (Hrsg.), Sozialwissenschaft und Gesellschaftsgestaltung, Festschrift für G. Weisser, Berlin 1965, Wiederabgedruckt in: H. Albert, Marktsoziologie und Entscheidungslogik, Neuwied 1967

Alexander, S. S., Mr. Harrod's Dynamic Model, in: The Economic Journal, Bd. 60 (1950)

Allen, R.G.D., Macro-Economic Theory - a Mathematical Treatment, London, Melbourne, Toronto 1968

Atkinson, F.J., Mr. Harrod's Dynamic Theorems, in: Weltwirtschaftliches Archiv, Bd. 65 (1949 II)

Banks, F.E., The "Relation" and the Capital-Output Ratio in a "Harrod-Type" Model, in: Weltwirtschaftliches Archiv, Bd. 89 (1962 II)

Baumol, T.J., Notes on Some Dynamic models, in: The Economic Journal, Bd. 58 (1948)

Baumol, T.J., Formalisation of Mr. Harrod's Model, in: The Economic Journal, Bd. 59 (1949)

Baumol, T.J., Economic Dynamics, An Introduction, New York 1951

Baumol, T.J., Yet Another Note on the Harrod-Domar-Model, in: The Economic Journal, Bd. 62 (1952)

Bilkey, W.J., A Note Regarding the 'e' in Harrod's Second Fundamental

Equation, in: The Economic Journal, Bd. 72 (1962)

Black, J.,Inflation and Long-run Growth in: Economica, N.S.., Bd. 26 (1959)

Bodenhorn, D., The Stability of Growth Models, in: The American Economic Review, Bd. 46 (1956)

Bombach, G., Beiträge zur Theorie des wirtschaftlichen Wachstums, Diss. Kiel 1952

Bombach, G., Zur Theorie des wirtschaftlichen Wachstums, in: Weltwirtschaftliches Archiv, Bd 70 (1953 I)

Bombach, G., Quantitative und monetäre Aspekte des Wirtschaftswachstums, in Schriften des Vereins fur Socialpolitik, N. F., Bd. 15 (1959)

Bombach, G., Wirtschaftswachstum und Stabilität, in G. Bombach u.a. (Hrsg.), Wachstum und Konjunktur, Darmstadt u. Opladen, 1960

Bombach, G., Optimales Wachstum und Gleichgewichts-Wachstum, in: Schriften des Vereins für Socialpolitik, N.F., Bd. 27 (1962)

Bombach, G., Von der Neoklassik zur modernen Wachstums- und Verteilungstheorie, in: Schweizerische Zeitschrift für Volkswirtschaft und Statistik, 100.Jg. (1964)

Bombach, G., Art. Wirtschaftswachstum, in: Handbuch der Sozialwissenschaften, Bd. 12 (1965)

Bombach, G., Zins und wirtschaftliches Wachstum, in: Weltwirtschaftliches Archiv Bd. 96 (1966 I)

Boulding, K.E., In Defense of Statics, in: The Quarterly Journal of Economics, Bd. 69 (1955)

Brandt, K., Struktur der Wirtschaftsdynamik, Frankfurt/M. 1952

Bruton, H.J., Contemporary Theorizing on Economic Growth, in: B.F. Hoselitz (Hrsg.), Theories of Economic Growth, Glencoe (Ill.) 1960

Burns, A.F., Hicks and the Real Cycle, in: The Journal of Political Economy, Bd. 60 (1952)

Champernowne, D.G., Capital Accumulation and the Maintenance of Full Employment in: The Economic Journal, Bd. 68 1958)

Clark, J.M., Business Acceleration and the Law of Demand, in: The Journal of Political Economy, Bd. 25 (1917). Wiederabgedruckt in: G. Haberler, Readings in Business Cycle Theory, Homewood (Ill.) 1951
Clark, J.M., Strategic Factors in Business Cycle; New York 1954

Domar, E.D., Capital Expansion, Rate of Growth and Employment, in: Econometrica, Bd. 14 (1946)

Domar, E.D., Expansion and Employment, in: The American Economic Review, Bd. 37 (1947)

Domar, E.D., The Problem of Capital Accumulation, in: The American Economic Review, Bd. 38 (1948)

Domar, E.D., Economic Growth: An Econometric Approach, in: The American Economic Review, Papers and Proceedings, Bd. 42 (1952)

Domar, E.D., Full Capacity vs. Full Employment Growth, A Comment, in: The Quarterly Journal of Economics, Bd. 67 (1953)

Duesenberry, J.S., Income, Saving and the Theory of Consumer Behavior, Neuaufl., New York 1967

Eisner, R., Underemployment Equilibrium Rates of Growth, in: The American Economic Review, Bd. 42 (1952)

Eisner, R., On Growth Models and the Neo-Classical Resurgence, in: The Economic Journal Bd. 68 (1958)

Eucken W., Die Grundlagen der Nationalökonomie, 5. Aufl., Godesberg 1947

Fellner, W., The Capital-Output Ratio in Dynamic Economics, in: Money, Trade and Economic Growth, Essays in Honor of J.H. Williams, New York 1951

Fellner, W., Trends and Cycles in Economic Activity, New Kork 1956

Friedman, M., Essays in Positive Economics, 4. Aufl., Chicago und London 1964

Frisch, R., Propagation Problems and Impulse Problems in Dynamic Economics, in: Essays in Honor of Gustav Cassel, London 1933

Frisch, R., On the Notion of Equilibrium and Disequilibrium, In: The Review of Economic Studies, Bd. 3 (1933/36)

De V. Graaf, J., Mr. Harrod on Hump Saving, in: Economica, N.S., Bd. 17 (1950)

De V. Graaf, J., Sir Roy Harrod's Second Essay in: The Economic Journal, Bd. 70 (1960)

Green, H.A.J., Growth models, Capital and Stability, in: The Economic Journal, Bd. 70 (1960)

Hahn, F.H., The Stability of Growth Equilibrium, in: The Quarterly Journal of Economics, Bd. 74 (1960)

Hahn, F.H., Matthews, R.C.O., The Theory of Economic Growth: A Survey, in: The Economic Journal, Bd. 74 (1964)

143

Hamberg, D., Full Capacity versus Full Employment Growth, in: The Quarterly Journal of Economics, Bd. 66 (1952)

Hamberg, D., Income Growth in Secular Stagnation and Inflation, in: The Economic Journal, Bd. 63 (1953)

Hamberg, D., Investment and Saving in a Growning Economy, in: The Review of Economics and Statistics, Bd. 37(1955)

Hamberg, D., Economic Growth and Instability, New York 1956

Hamberg, D., Schultze, C.L., Autonomous vs. Induced Investment: The Interrelatedness of Parameters in Growth Models, in: The Economic Journal, Bd. 71 (1961)

Hansen, A.H., Economic Policy and Full Employment, New York und London 1947

Harrod, R.F., Expansion of Credit in an Advancing Community, in: Economica, N.S., Bd. 1, (1934). Wiederabgedruckt in: R.F. Harrod, Economic Essays, London 1952

Harrod, R.F., The Trade Cycle, Oxford 1936

Harrod, R.F., Keynes and Traditional Theory, in: Econometrica, Bd. 5 (1937). wiederabgedruckt in: R.F. Harrod, Economic Essays, London 1952

Harrod, R.F., An Essay in Dynamic Theory, in: The Economic Journal, Bd. 49 (1959). Wiederabgedruckt: 1. in: R.F. Harrod, Economic Essays, London 1952, 2. in: A.H. Hansen, R.V. Clemence, Readings in Business Cycles and National Income, London 1953

Harrod, R.F., Vers une théorie dynamique, in: Mélanges economiques et sociaux offerts à Emile Witmeur, Paris 1939

Harrod, R.F., Towards a Dynamic Economics, London 1948; Deutsch: Dynamische Wirtschaft, Wien und Stuttgart 1949

Harrod, R.F., Notes on Trade Cycle Theory, in: The Economic Journal, Bd. 61 (1951)

Harrod, R.F., Supplement on Dynamic Theory, in: R.F. Harrod, Economic Essays, London 1952

Harrod, R.F., Full Capacity vs. Full Employment Growth, A Comment, in: The Quarterly Journal of Economics, Bd. 67 (1953)

Harrod, R.F., Les relations entre l'investissement et la population in: Revue Economique, Bd. 6 (1955)

Harrod, R.F., Professor Fellner on Growth and Unemployment, in: Kyklos, Bd. 10 (1957)

Harrod, R.F., Policy against Inflation, London 1958

Harrod, R.F., Inflation and Investment in Under-Developed Countries, in: Ekonomi, Politik, Samhälle, = Festschrift für B. Ohlin zum 60. Geburtstag, Stockholm 1959

Harrod, R.F., Domar and Dynamic Economics, in: The Economics Journal, Bd. 69 (1959)

Harrod, R.F., Second Essay in Dynamic Theory, in: The Economic Journal, Bd. 70 (1960)

Harrod, R.F., Inflation in Dynamic Theory, in: Stabile Preise in wachsender Wirtschaft, Festschrift für E. Schneider, Tübingen 1960

Harrod, R.F., Comment on J. de v. Graaf in: The Economic Journal, Bd. 70 (1960)

Harrod, R.F., The "Neutrality" of Improvements, in: The Economic Journal, Bd. 71 (1961)

Harrod, R.F., Dynamic Theory and Planning, in: Kyklos, Bd. 15 (1962)

Harrod, R.F., A Reply to Mr. Bilkey, in: The Economic Journal, Bd. 72 (1962)

Harrod, R.F., Themes in Dynamic Theory, in: The Economic Journal, Bd. 73 (1963)

Harrod, R.F., Are Monetary and Fiscal Policies Enough ? in: The Economic Journal, Bd. 74 (1964)

Harrod, R.F., Towards a New Economic Policy, Manchester 1967

Hawtrey, R., Mr. Harrod's Essay in Dynamic Theory, in: The Economic Journal, Bd. 49 (1939)

Helmstädter, E., Harrod und die Neoklassische Wachstumstheorie, in: Zeitschrift für die gesamte Staatswissenschaft, Bd. 121 (1965)

Hicks, J.R., Value and Capital, In Inquiry into Some Fundamental Principles of Economic Theory, 2. Aufl., Oxford 1946

Hicks, J.R., Mr. Harrod's Dynamic Theory, in: Economics, N.S., Bd. 16 (1949). Wiederabgedruckt in: A.H. Hansen u. R.V. Clemence, Readings in Business Cycles and National Income, London 1953

Hicks, J.R., A Contribution to the Theory of the Trade Cycle, Oxford 1950

Hicks, J.R., Capital and Growth, Oxford 1965

Higgins, B., Towards a Dynamic Economics, in: The Economic

Record, Bd. 24 (1948)

Higgins, B., The Theory of Increasing Under-Employment, in: The Economic Journal, Bd. 60 (1950)

Johansen, L., Substitution versus Fixed Production Coefficients in the Theory of Economic Growth; A Synthesis, in: Econometrica, Bd. 27 (1959)

Jorgenson, D., On Stability in the Sense of Harrod, in: Economica, N.S., Bd. 27 (1960)

Kaldor, N., Hicks on the Trade Cycle, in: The Economic Journal, Bd. 61 (1951). Wiederabgedruckt in: N. Kaldor, Essays on Economic Stability and Growth, London 1960

Kaldor, N., Alternative Theories of Distribution, in: The Review of Economic Studies, Bd. 23 (1955/56)

Kaldor, N., A Model of Economic Growth, in: The Economic Journal, Bd. 67 (1957). Wiederabgedruckt in: N. Kaldor, Essays on Economic Stability and Growth, London 1960

Kalecki, M., A Theory of the Business Cycle, in: The Review of Economic Studies, Bd. 4 (1937)

Kennedy, C., Technical Progress and Investment, in: The Economic Journal, Bd. 71 (1961)

Kennedy, C., Harrod on Neutrality in: The Economic Journal, Bd. 72 (1962)

Keynes, J.M., The General Theory of Enployment, Interest and Money, London 1936; deutsch: Allgemeine Theorie der Beschäftigung, des Zinses und des Geldes, München und Leipzig 1936

Kraus, W., Multiplikator, Akzelerator, Wachstumsraten und Konjunkturzyklus, in: Weltwirtschaftliches Archiv, Bd. 73 (1954 II)

Kurihara, K.K., The Keynesian Theory of Economic Development, London 1959

Kuznets, S.S., National Product Since 1869, National Bureau of Economic Research, New York 1946

Lutz, F.A., Die Bedeutung der Investition für das Wachstum der Wirtschaft, Sonderschrift des Ifo-Instituts für Wirtschaftsforschung, Nr. 21, Berlin 1957

Martens, C., Das Problem der wirtschaftlichen Entwicklung bei David Ricardo im Vergleich zu Ergebnissen der modernen Wachstumstheorie, Diss. Freiburg 1959

Mieth, W., Das Akzelerationsprinzip, in: Volkswirtschaftliche Schriften, Heft 14, Berlin 1954

Nelson, R.R., A Note on Stability and the Behaviour Assumptions of Harrod-Type Models, Bd. 71 (1961)

Neville, J.W., The Mathematical Formulation of Harrod's Growth Model, in: The Economic Journal, Ba. 72 (1962)

Oppenländer, K.H., Ordnungspolitische und analytische Probleme des Wirtschaftswachstums, = Ifo-Studien, 5. Jg., Berlin, München 1959

Oppenländer, K.H., Die moderne Wachstumstheorie. Eine kritische Untersuchung der Bausteine der Gleichgewichtskonzeption und der Wirklich- keitsnähe, Berlin, München 1965

Oshima, H.T., Income Originating in the Models of Harrod and Domar, in: The Economic Journal, Bd. 69 (1959)

Ott, A.E., The Relation between the Accelerator and the Capital Output Ratio, in: The Review of Economic Studies, Bd. 25 (1957/58)

Ott, A.E., Produktionsfunktion, technischer Fortschritt und Wirtschaftswachstum, in: Schriften des Vereins für Socialpolitik, Bd. 17, Berlin 1959

Ott, A.E., Der Gleichgewichtsakzelerator, in: Ifo-Studien, 5. Jg., Berlin, München 1959

Ott, A.E., Einführung in die dynamische Wirtschaftstheorie, Göttingen 1963

Peters, E., Die unterschiedlichen Auffassungen von der Wirkung des Sparens und die moderne Wachstumstheorie, in: Schriften des Instituts für das Spar-, Giro- und Kreditwesen an der Universität Hamburg, Bd. 11, Berlin 1960

Pilvin, H., A Geometric Analysis of Recent Growth Models, in: The American Economic Review, Bd. 42 (1952)

Pilvin, H., Full Capacity versus Full Employment Growth, in: The Quarterly Journal of Economics, Bd. 67 (1953)

Preiser, E., Multíplikatorprozeß und dynamischer Unternehmergewinn, in: Jahrbücher für Nationalökonomie und Statistik, Bd. 167 (1955). wíederabgedruckt in: B. Preiser, Bildung und Verteilung des Volkseinkommens, 2. Aufl., Göttingen 1961

Preiser, E., Wachstum und Einkommensverteilung, 2. Aufl., Heidelberg 1964

Ramsey, F.P., A Mathematical Theory of Saving, in: The Economic Journal, Bd. 38 (1928)

Ricardo, D., Grundsätze der Volkswirtschaft und Besteuerung, Jena

1905

Riese, H., Gleichgewichtswachstum und optimales Wachstum in der neoklassischen Wirtschaftstheorie, in: Kyklos, Bd. 17 (1964)

Robinson, J., A Classification of Inventions, in: The Review of Economic Studies, Bd. 5 (1937/38). Wieder abgedruckt in: W. Fellner, B.F. Haley, Readings in the Theory of Income Distribution, Homewood (Ill.) 1951

Robinson, J., Mr. Harrod's Dynamics in: The Economic Journal, Bd. 59 (1949), wiederabgedruckt in: A.H. Hansen, R.V. Clemence, Readings in Business Cycles and National Income, London 1953

Robinson, J., The Model of an Expanding Economy, in: The Economic Journal, Bd. 62 (1952)

Robinson, J., The Rate of Interest and Other Essays, London 1952

Robinson, J., The Accumulation of Capital, London 1956

Robinson, J., Essays in the Theory of Economic Growth, London 1962

Robinson, J., Harrod's Knife-Edge, in: Collected Economic Papers, Bd. 3, Oxford 1965

Rose, H., The Possibiliy of Warranted Growth, in: The Economic Journal, Bd. 69 (1959)

Rose, K., Die Bedeutung des Akzelerationsprinzips für die Dynamisierung des Keynes' schen Systems, in: Jahrbücher für Nationalökonomie und Statistik, Bd. 165 (1953)

Rose, K., Der Erkenntniswert der Wachstumsmodelle, in: Jahrbücher für Nationalökonomie und Statistik, Bd. 168 (1956)

Rose, K., Replik (an H. Albert), in: Jahrbücher für Nationalökonomie und Statistik, Bü. 169 (1958)

Rose, K., Wachstums- und Konjunkturtheorie, in: Jahrbuch für Sozialwissenschaft, Bd. 13 (1962)

Rothschild, K.W., The Limitations of Economic Growth, in: Kyklos, Bd. 12 (1959)

Samuelson, P.A., Interactions between the Multiplier Analysis and the Principle of Acceleration, in: The Review of Economic Statistics, Ed. 21 (1939). Wiederabgedruckt in: G. Haberler, Readings in Business Cycle Theory, Homewood (Ill.) 1951

Sato, R., The Harrod-Domar-Model versus the Neo-Classical, in: The Economic Journal, Bd. 74 (1964)

Schelling, T.C., Capital Growth and Equilibrium, in: The American Economic Review, Bd. 37 (1947)

Schneider, E., Diskussionsbeitrag, in: Problematik der Vollbeschäftigung, = Schriften des Vereins für Socialpolitik, N.F., Bd. 3, 1951

Schneider, E., Der Streit um Keynes, in: Jahrbücher für Nationalökonomie und Statistik, Bd. 165 (1953)

Schneider, E., Art. Statik und Dynamik, in: Handbuch der Sozialwissenschaften Bd. 10 (1957)

Schöpf, C.G., Ökonometrische und Empirische Unterstützung für das Harrod-Modell, in: Jahrbücher für Nationalökonomie und Statistik, Bd. 178 (1965)

Shackle, G.S., A Scheme of Economic Theory, Cambridge 1965

Solow, R.M., A Contribution to the Theory of Economic Growth, in:

The Quarterl Journal of Economics, Bd. 70 (1956)

Solow, R.M., Technical Change and the Aggregate Production Function, in: The Review of Economic Studies, Bd. 39 (1957)

Solow, R.M., Is Factor Substitution a Crime, and if so, how bad ? Reply to Professor Eisner, in: The Economic Journal, Bd. 69 (1959)
Stolper, W.F., Some Notes on Harrod's Dynamic Economics, in: Schweizerische Zeitschrift für Volkswirtschaft und Statistik, 88. Jg. (1952)

Tinbergen, J., Suggestions on Quantitative Business Cycle Theory, in: Econometrica, Bd. 3 (1935)

Tinbergen, J., Statistical Evidence on the Acceleration Principle, in: Economics, N.S., Bd. 5 (1938)

Tobin, J., Reply to Professor Eisner in: The Economic Journal, Bd. 69 (1959)

La Tourette, J.E., Technological Change and Equilibrium Growth in the Harrod-Domar-Model, in: Kyklos, Bd. 17 (1964)

Tsiang, S.C., Accelerator, Theory of the Firm and the Business Cycle, in: The Quarterly Journal of Economics, Bd. 65 (1951)

Walter, H., Investitionen und technischer Fortschrift in der neueren Wachstumstheorie und die Problematik wirtschaftspolitischer Rezepte, in: Theoretische und Institutionelle Grundlagen der Wirtschaftspolitik, Festschrift für Th. Wessels, Berlin 1967

Watrin, C., Modelle und Hypothesen in der Wachstumstheorie, in: Wirtschaftspolitische Chronik, Heft 1, 1960

v. Weizsäcker, C.C., Wachstum, Zins und optimale Investitionsquote, Veröffentlichungen der List-Gesellschaft e.V., Bd. 26, Basel 1962

Wessels, Th., Wirtschaftspolitik im Zeichen der Vollbeschäftigung, in: Schriften des Vereins für Socialpolitik, N.F., Bd. 3 (1950)

Wessels, Th., Artikel Vollbeschäftigung, in: Handbuch der Sozialwissenschaften, Bd. 11 (1961)

Wright, D. McCord, Mr. Harrod und Growth Economics, in: Review of Economics and Statistics, Bd. 31 (1949). Wiederabgedruckt in: A.H. Hansen, R.V. Clemence, Readings in Business Cycles and National Income, London 1953

Eidesstattliche Erklärung

Hiermit gebe ich die eidesstattliche Versicherung ab, daß ich die vorliegende Arbeit selbständig und ohne Benutzung anderer als der angegebenen Hilfsmittel angefertigt habe. Alle Stellen, die wörtlich oder sinngemäß aus veröffentlichten und nichtveröffentlichten Schriften entnommen sind, sind als solche kenntlich gemacht. Die Arbeit hat in gleicher oder ähnlicher Form noch keiner anderen Prüfungsbehörde vorgelegen.

Köln, den 5.3.1969

Lebenslauf

Am 3.12.1943 wurde ich als Sohn des Chemikers Dr.-Ing. Hans Kunowski und seiner Ehefrau Ingeborg, geb. Pip, in Liegnitz geboren. Nach dem Besuch der Volksschule ab Herbst 1950 bis Herbst 1952 in Erlangen und bis Ostern 1954 in Darmstadt kam ich auf das humanistische Ludwig-Georgs-Gymnasium in Darmstadt. Im Herbst 1954 wechselte ich auf das Ratsgymnasium in Hannover über, das ich im Herbst 1959 verließ. Nach einem vierjährigen Besuch des Staatlichen altsprachlichen Gymnasiums in Linz/ Rhein unterzog ich mich zu Ostern 1965 der Reifeprüfung. Vom Juli 1965 bis Juni 1967 leistete ich meinen Militärdienst, während dessen ich mich zum Sommersemester 1964 an der Universität zu Köln immatrikulierte und hier das Studium der Volkswirtschaft ununterbrochen fortsetzte. Während der akademischen Sommerferien 1965 und 1966 übte ich eine praktische Tätigkeit in führenden Unternehmen der chemischen Industrie in Belgien und England aus.

Köln, den 5.3.1969

Schlussbemerkung:

Die vorliegende Arbeit ist vor etwa 50 Jahren verfasst worden. In der Vorbemerkung wurden die Gründe für eine späte Veröffentlichung genannt. Der Autor ging 1970 nach Abschluss der Diplomprüfung im Fach Volkswirtschaft an der Universität Köln als wissenschaftlicher Assistent an den Lehrstuhl für Volkswirtschaftslehre III an der Universität Gießen. Nach erfolgter Promotion zum Dr. rer. pol. wechselte er 1973 in eine Wirtschaftsprüfungsgesellschaft und 1977 als Finanzdirektor in einen mittleren Industriebetrieb. 1985 wurde er zum ordentlichen Vorstandsmitglied in einer deutschen Versicherungs-Aktiengesellschaft bestellt und war dort als kaufmännischer Vorstand in der Holdinggesellschaft sowie in den Konzernunternehmen der Versicherungsgruppe tätig. Nach zwanzig Jahren aktiver Berufstätigkeit in diesem Unternehmen trat er 2005 in den Ruhestand.

Danach befasste er sich schwerpunktmäßig mit deutscher Geschichte und startete 2016 als Buchautor über ausgewählte genealogische und geschichtswissenschaftliche Themen. Der Autor lebt heute in Köln und in Denia.

Herstellung und Verlag:
BoD- Books on Demand, Norderstedt
ISBN: 978-3-7528-3569-4